学会接纳
孩子的
不完美

司文沛 ◎ 著

苏州新闻出版集团
古吴轩出版社

图书在版编目（CIP）数据

学会接纳孩子的不完美 / 司文沛著. -- 苏州 ： 古
吴轩出版社，2024. 12. -- ISBN 978-7-5546-2521-7

Ⅰ．G78

中国国家版本馆CIP数据核字第2024WB9325号

责任编辑：李　倩
策　　划：汲鑫欣　杨晓静
版式设计：林　兰
装帧设计：YOLENS

书　　名：学会接纳孩子的不完美
著　　者：司文沛
出版发行：苏州新闻出版集团

　　　　　古吴轩出版社

　　　　　地址：苏州市八达街118号苏州新闻大厦30F
　　　　　电话：0512-65233679　　邮编：215123
出 版 人：王乐飞
印　　刷：水印书香（唐山）印刷有限公司
开　　本：670mm×950mm　1/16
印　　张：11
字　　数：107千字
版　　次：2024年12月第1版
印　　次：2024年12月第1次印刷
书　　号：ISBN 978-7-5546-2521-7
定　　价：46.00元

如有印装质量问题，请与印刷厂联系。010-89565680

前言

拥抱不完美，开启孩子的成长之旅

在这个物质生活日益丰富的时代，作为父母的我们，自然而然地希望给予孩子最好的一切。我们渴望孩子能够成为社会上的佼佼者，拥有出色的成绩、广泛的兴趣爱好以及良好的社交技能。因此，"鸡娃"成为不少家庭的选择，家长们希望通过各种方式提升孩子的竞争力，让他们赢在起跑线上。在社交媒体上，我们常常看到一些家长骄傲地分享自己孩子的成就，比如孩子在几岁时已经认识了多少汉字，能够背诵多少首古诗，甚至在某些领域展现出非凡的天赋。这样的分享无疑让人感到羡慕，同时也可能引发内心的焦虑——我们开始担心自己的孩子是否已经落后于人。

随着网络技术的发展，人们的社交变得更加便捷和无障碍。通过互联网，我们可以轻松了解到世界各地的信息，包括其他家庭的孩子们所取得的成就。这种信息的透明化一方面为我们提供了学习和借鉴的机会，另一方面也带来了无形的竞争压力。在这样的环境下，家长们更容易产生一种紧迫感，担心自己的孩子在众多优秀同龄人中失去竞争力，进而感到不平衡和不安。

然而，当回顾自己的童年时，我们是否也曾经历过类似的比较和压力呢？那时候，我们也曾被父母拿去与"别人家的孩子"相比较，那些模范生总是那么优秀，而自己则总是在某些方面显得不足。这种比较带来的不仅是短暂的挫败感，更是长期的心理负担。现在，作为父母，我们是否也应该反思，是否无意间将同样的压力传递给了下一代。

不完美，并非一种缺陷，反而可能是成长的催化剂。完美主义看似光鲜亮丽，实则是一个主观且多变的标准。对于不同的人来说，完美的定义各不相同。有人认为身体健康便是完美，有人则将学习成绩视为衡量标准，还有人追求外貌上的美丽。然而，这些所谓完美标准并没有绝对的对错之分，每个人的价值观和追求都是独一无二的。因此，试图按照一个固定的模板塑造孩子，只会让他们陷入无尽的自我怀疑之中。

更重要的是，我们眼中的完美，我们渴望的那种完美小孩，与孩子眼中对自己的期待可能是完全不一样的。我们和孩子是完全不同的两个个体，我们的想法和价值观自然也有所不同。我们不能，也不应该主观地将自己的意志强加于孩子身上，以为我们所认为的正确就是绝对的真理。事实上，每个人都有自己的思维缺陷和短板，没有人能够完全正确地理解所有的事情。因此，我们需要尊重孩子的个性和选择，放手让孩子去探索世界，以自己喜欢的方式度过一生。

本书从现代家庭教育的现状出发，深入探讨了

完美主义对孩子成长的影响，以及父母在这一过程中的角色与责任。书中不仅从心理学的角度解析了完美主义的形成机制及其潜在的危害，还提供了大量实用的建议和策略，帮助父母调整心态，接受孩子的不完美，鼓励和支持孩子根据自己的兴趣和能力自由发展。

我们相信，只有当父母学会了放下对完美的执着，才能真正为孩子创造一个充满爱与支持的成长环境，助力他们在人生的道路上勇敢前行，成为最好的自己。

目录

第二章　每个孩子都是独一无二的天使：
在差异中发现美

 实践指南：和孩子一起成长，
拥抱每一个不完美的瞬间

第三章　家庭是孩子的第一所学校

挑战不完美，战胜不完美：
实现发光的人生

第一部分

理解不完美的价值：
从追求完美到拥抱
真实的自己

第一章

为什么我们要接纳不完美

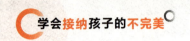

01

完美主义，是追求卓越，还是掉入陷阱

在当今社会，"追求卓越"这个词驱使人们不断进步，突破自我。然而，在追求卓越的浪潮之下，隐藏着一种潜在的负面思想——完美主义。所谓完美主义，乍一看似乎与追求卓越并无二致，实则两者之间存在着微妙的区别。

完美主义是一种持续追求完美无瑕表现的心理倾向，这种心理倾向往往伴随着对任何瑕疵的零容忍态度。不同于追求卓越的健康、积极心态，完美主义者常常设定不切实际的标准，忽视了人的局限性和现实的复杂性，他们倾向于将自我价值与成就完全绑定，对于失败有着极度的恐惧，甚至无法接受任何形式的不完美。

追求卓越则是一种积极向上的心态与做事态度，它鼓励人们设定目标，不断学习和成长，以达到个人的最佳状态。即便追求卓越，我们也承认失败和不完美是成长过程中不可避免的，它们是通向更高成就的垫脚石。相比之下，追求完美主义往往使人忽视努力过程的价值，过分关注结果，容易导致人们产生焦虑、挫败感和自我怀疑，并有可能限制个人创造力的发挥和享受过程的能力。

完美主义的陷阱在于它对个人的心理健康和幸福感构成威胁。当个人无法达到设定的高标准时，完美主义者可能会经历强烈的自我批评和失望，长此以往，可能导致抑郁症、焦虑症等心理健康问题；同时，完美主义者倾向于将自我价值与成就紧密关联，一旦遭遇失败或未达到预期，他们可能会遭受严重的自尊打击，感觉自己不够好或毫无价值。由于对失败的恐惧，完美主义者有时会陷入拖延或完全避免开始实施行动的困境。他们担心自己无法完美地完成任务，于是宁愿选择不做，这种行为模式会限制个人潜能的发挥和个人的成长。此外，完美主义还可能破坏人际关系，因为它往往会抑制人们真实地表达自我，从而造成与他人之间的隔阂。

"鸡娃"是一个网络流行词，"鸡"取自"打鸡血"的比喻，这个词语形象地描述了一种特定的育儿方式，即家长（通常指城市中产家庭）为了让孩子能够在激烈的竞争中脱颖而出，不惜代价，持续不断地对孩子投入大量时间、金钱和精力，给孩子报各种兴趣班，严格规划孩子的学习和生活，期望孩子能在学习成绩、特长等方面达到极致的优秀。

　　可欣是某重点小学的学生，自幼被家人寄予厚望。她的父母都是高学历精英人士，他们认为，在这个竞争激烈的环境中，只有最优秀的孩子才能脱颖而出。因此，从可欣上幼儿园起，他们就开始了"鸡娃"之路。

　　每天放学后，可欣并没有像其他孩子那样拥有自由玩耍的时间，而是被安排参加各种兴趣班，可欣的课外时间被填得满满当当。周一至周五，下午四点放学后，可欣直接前往思维训练班，直到晚上七点结束；晚餐后，她还要赶往英语角，与外教练习口语，直至九点。周末则是另一番忙碌景象：上午上艺术体操课，下午上编程课，晚上上阅读课，可欣几乎没有喘息的时间。

　　可欣的父母坚信，可欣只有通过不断努力和自我超越，才能赢得未来。每次家长会后，可欣的母亲都会细致地分析成绩单，指出可欣需要改进的地方，父亲则负责监督课外学习计划的执行情况。

　　某次期末考试，可欣的成绩尽管不错，但并未达到父母所期望的。回家的路上，母亲的话语中流露出了失望："你知道吗，可欣，我们为你付出了那么多，就是希望你能成为最好的。这次的考试成绩，你怎么解释？"听到妈妈的质问，可欣有些惴惴不安。

　　随着压力的累积，可欣开始感到力不从心。她发现，自己越来越难以找到学习的乐趣。终于，可欣鼓起勇气，向父母表达了自己的感受："我真的很累，我不知道这样做到底是为了什么。"

　　可欣的坦诚触动了父母的心弦，他们意识到，或许自己对"完美"的定义过于狭隘。经过深思熟虑，一家人决定调整方向，给予可欣更多自主权，鼓励她探索自己的兴趣，而不是盲目追求外界设定的标准。

　　可欣开始不断尝试新事物，如摄影和写作，这些爱好让她感受到了前所未有的快乐和成就感。随着时间的推移，可欣的脸上笑容重现。父母也学会了欣赏可欣的每一个或大或小的进步，他们开始明白，真正的"完美"在于让孩子成为最好的自己，而非他人眼中的模范生。

　　可欣的故事告诉我们，每个孩子都有自己的节奏和梦想，父母的爱不应成为束缚，而应化作翅膀，助力他们飞向更广阔的天空。在教育孩子的道路上，最重要的是保持一种平和的心态，给予孩子足够的空间去探索、去犯错、去成长。如此，他们才能真正绽放属于自己的光芒。

完美主义的父母在教育孩子的过程中，也要求孩子变得完美，这无疑会对孩子的心理产生一定的负面影响。主要表现在以下几个方面：

1. 父母期望与子女压力。根据社会学习理论，父母的行为模式会被孩子观察和模仿。如果父母展现出对完美的执着，孩子很可能内化这种行为，将其视为成功的标准，从而承受额外的心理压力。

2. 条件性正面评价。父母的爱和支持依赖于孩子的表现，这被称为"条件性正面评价"。条件性正面评价会导致孩子形成一种观念，即他们的价值和被接受度取决于是否达到父母设定的高标准，这可能损害孩子的自尊和自我效能感。

3. 内部化与外部化问题。根据发展心理学理论，父母的完美主义可能促使孩子发展出内部化问题（如焦虑、抑郁）或外部化问题（如攻击性、违规行为）。这些问题是孩子应对不合理期望和高标准的一种方式。

4. 发展不健康的应对机制。在试图达到父母设定的高期望的过程中，孩子可能会发展出不健康的应对机制，如过度学习、避免挑战、自我批评或是隐藏真实的自我。这些机制虽然短期内可能帮助他们应对压力，但长期来看，可能导致他们出现心理健康问题，如焦虑、抑郁、自尊心低下，甚至是人格发展的扭曲等。

5. 影响人际关系。有完美主义倾向的孩子在与同龄人或其他成年人的交往中，也可能表现出类似的行为模式。他们可能对他人抱有不切实际的期望，从而难以建立和维持健康的人际关系，因为他们害怕被评判或被拒绝。

6. 影响亲子关系的质量。强烈的完美主义倾向可能破坏亲子关系，导致沟通障碍和情感疏离。孩子可能感到被误解或被压迫，而父母可能感到沮丧或失望，因为他们未能看到预期的结果。

总之，父母的完美主义不仅直接影响孩子的即时感受和行为，还会通过孩子的模仿和内化机制，在更深层次上塑造孩子的自我观念、价值观和应对策略，从长期来看，会对他们的心理健康产生深远的影响。因此，父母应该意识到自身行为的潜在影响，努力为孩子创造一个既支持他们成长又允许他们犯错和进行自我探索的健康环境，并采取平衡的方法来支持孩子的成长和发展。父母应该更关注孩子的努力过程而不是仅仅关注结果，要为孩子提供无条件的爱和支持，帮助孩子建立健康的自我价值感，这些都是促进孩子心理健康的关键因素。

追求卓越虽然是人类进步的动力之一，但过度追求完美却可能成为个人成长的绊脚石。理解完美主义的边界，学会接纳不完美，是迈向更加健康、平衡的生活方式的关键。我们应该鼓励自己和他人，欣赏成长过程中的每一个阶段，包括那些看似不完美的时刻，正是因为这些时刻才构成了我们独特而宝贵的人生经历。

02

别让完美主义束缚了孩子的成长

在现代社会，完美主义似乎成了一种流行病，影响着各个年龄段的人群，尤其是年轻一代的家长。他们往往在不经意间，将对完美的追求投射到孩子的身上，这对孩子形成了一种无形的束缚。这种束缚不仅限制了孩子的自由发展，还可能给孩子的心理造成不可忽视的影响。

心理学研究显示，过度追求完美，尤其是在教育孩子的过程中追求完美，可能导致孩子产生一系列的心理问题，比如，焦虑、抑郁、低自尊以及社交障碍等。当孩子从小被灌输"只有最好才是足够"的观念时，他们可能会变得害怕犯错，从而避免尝试新事物或不愿意接受挑战，这直接抑制了其创造力和解决问题的能力的发展。

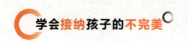
过度的完美主义教育，尽管初衷是为了孩子的未来着想，却可能对孩子造成意想不到的伤害，影响其心理健康与个人发展。

一、心理压力与焦虑

在完美主义教育的环境下，孩子面临着巨大的心理压力。他们被期望在学业、才艺、体育等各方面都表现出色，任何一次失败或不足都被视为不可接受。这种持续的高标准和严要求，导致孩子长期处于紧张状态，容易产生焦虑情绪，甚至发展为慢性焦虑症，严重影响其生活质量。

小明是一名初中生，自小就被家人寄予厚望，每次考试成绩都必须名列前茅。一次数学考试，小明因一道题解错了而未能得满分，尽管成绩仍属优秀，但回家后却遭到父母的严厉批评。从此，小明对考试产生了强烈的焦虑感，每到考试前夕，他都会失眠、食欲不振，甚至在考场上出现手抖、心跳加速的症状，严重影响了发挥。

二、自我价值感扭曲

长期生活在完美主义的阴影下，孩子可能会将自我价值与外在成就紧密绑定，形成条件反射式的自我评价机制。一旦成绩下滑或未达到预期目标，他们可能会产生严重的自我怀疑，感觉自己毫无价值。这种自我价值感的扭曲，阻碍了孩子建立健康、稳定的自我认同感，影响其心理健康。

张先生在国际知名企业担任高管，从小就在"只有第一才最好"的家庭信条下成长。他的父母对他要求极高，无论是学业、体育还是艺术，都期待他能够成为同龄人中的佼佼者。张先生的努力得到了回报，他在学业上表现出色，顺利进入顶尖大学，并最终在职场上取得了成功。

然而，随着职位的晋升和责任的加重，张先生发现自己始终无法摆脱内心的焦虑。每当完成一个项目或达成一个目标，他感受到的不是满足和快乐，而是下一个更高的目标的压力。他意识到，无论自己多么努力，总有人比他更出色，总有更高的山峰需要他攀登。这种持续的自我施压让他感到疲惫不堪。由于他总是忙于工作，无法抽身享受生活，与家人、朋友的关系也变得疏远了。

张先生的案例反映了完美主义教育的一个潜在后果——即使在表面上获得了社会定义的成功，个体也可能因为内心深处的不安和不满而无法体验到真正的幸福。长期处于这种状态，不仅会导致生活质量下降，还可能引发心理健康问题，如抑郁症、焦虑症等，严重时甚至影响职业发展和人际关系。

三、创造力与探索精神受阻

完美主义倾向的教育往往强调规则和标准答案，忽视了孩子个性化的思考能力与创新潜力。孩子在害怕犯错的恐惧中，逐渐丧失了探索未知、尝试新事物的勇气，他们的创造力和批判性思维能力得不到充分发展。这不仅限制了他们在学术领域的成就，更可能扼杀他们内在的好奇心与探索精神。

小刚是一个好奇心旺盛的小学生，他对科学实验充满热情。但在学校，老师强调实验步骤要精确无误，不允许有任何偏差。一次，小刚试图改变实验中的某个变量，看看会有怎样的结果，却被老师严厉制止，称这样做会破坏实验的准确性。这次经历让小刚对科学失去了探索的兴趣，他开始机械地按照教材操作，不再主动思考或提出问题。

四、社交障碍与孤立感

追求完美的孩子往往难以接受自己的不完美，这种心态也可能延伸到他们对他人行为的评判上，导致他们与同龄人之间的关系紧张。他们可能因为害怕被评价或被拒绝而选择孤立自己，避免参加社交活动，久而久之，社交技能退化，情感交流能力受限，这增加了他们的孤独感和被排斥的感觉。

小凡是一个学习成绩优异的高中生，由于害怕在同伴面前出丑，他从不参加集体游戏或课外活动。他担心自己的表现不够完美，会被同学嘲笑。久而久之，小凡变得越来越孤僻，课间休息时常常独自一人，很少与人交流，导致他在班级中缺乏朋友，感到十分孤独。

五、对身体健康产生负面影响

长期的心理压力和焦虑状态不仅影响心理健康，还会对身体健康造成损害。研究表明，持续的高压力状态与多种健康问题相关，包括睡眠障碍、消化系统疾病、免疫功能下降等。对于正处于成长中的孩子而言，这些问题可能会影响其身体发育。

小丽是一名高三学生，她全身心地投入学习，几乎没有休息时间。长时间的高强度学习让她出现了严重的睡眠问题，她经常熬夜至凌晨，白天则昏昏欲睡，注意力难以

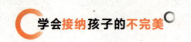

集中。长期睡眠不足导致她免疫力下降，频繁感冒，严重影响了学习效率和身体健康。

还有一点值得注意，完美本身就是一个主观且多变的概念，不同的文化、家庭背景和价值观对完美的定义有着天壤之别。因此，试图让孩子符合某种统一的完美标准，无异于剥夺了他们展现独特个性和才能的机会。

每个孩子都是独一无二的个体，都拥有自己独特的兴趣、才能和成长节奏。家长和社会应当尊重并正视这些差异，而非强迫他们进入一个狭窄的完美主义框架。

为了促进孩子的健康成长，家长需要学会平衡对孩子的期望与现实之间的差距。这意味着家长要认识到，成长是一个充满起伏的过程，失败和挫折同样是宝贵的学习经验。父母应该鼓励孩子探索自我，勇敢地追求自己的梦想，同时也要教导他们从错误中学习，培养他们的韧性和适应力。

在日常生活中，家长可以通过以下方式来实践这一理念。

1.表扬努力而非结果：强调过程中的努力和进步，而非仅仅关注结果。

2.示范自我接纳：作为榜样，展示自己如何面对失败和不完美，传达出每个人都有缺点的信息。

3. 设定现实目标：与孩子一起制定既有挑战性又可实现的目标，帮助他们建立合理的期望。

4. 鼓励表达情感：营造一个安全的环境，让孩子可以自由地表达情感，无论是成功还是失败，都可以表达感受。

在追求卓越与接受不完美之间找到平衡是每位家长面临的挑战。通过理解完美主义可能带来的负面影响，以及认识到完美这个概念的多样性，我们可以更好地支持孩子成长为健康、自信、富有同情心的个体。让我们的孩子知道，他们的价值不在于是否达到了外界设定的完美标准，而在于他们是谁，以及他们能够成为什么样的人——一个充满爱、创造力和无限可能性的人。

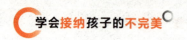

03

不完美，才是生活真正的面貌

在追求完美的社会洪流中，人们往往忽略了不完美背后的深刻内涵与独特魅力。事实上，不完美不仅构成了人性的真实面貌，更蕴含着无可替代的价值与意义。

一、不完美之美

每个人的瑕疵与缺陷都是独一无二的印记，它们见证了我们的成长与经历，塑造了我们独特的个性。就像大自然中的万物，每一片叶子，每一朵花，每一个生物体，每一条江河，每一座山峰，都有自己独特的形态和特征，充满了变化和差异，几乎没有谁会长成"完美标准版"。同样，人类作为大自然的一分子，也遵循不完美的生存规则，容貌身材不完美才是真实，才是自然与人类世界的本质。而我们性格、情感与经历中的不完美，正是我们共情与理解的基础，使我们能够彼此连接，共享喜怒哀乐。

（一）自然界中的不完美之美

1.岩石上的苔藓：一块看似普通的石头，其表面覆盖着青苔，这种不规则的绿色覆盖物赋予了石头生命力，展现了时间的痕迹和自然的细腻。

2.断崖峭壁：大自然中的山崖往往不是平滑的，而是充满裂缝、凹洞和凸起，这些特征让山体显得更有层次感，也为动植物提供了栖息的空间。

（二）个人情感与经历中的不完美之美

1.失败与挫折：失败，是每个人成长道路上难以绕过的关卡，它如同自然界中的风雨，虽然带来一时的困扰，却能滋润大地，催生新生。在失败面前，有的人可能暂时迷失，但更多的人会选择从跌倒的地方重新站起，以更加坚定的步伐向前迈进。

　　小李是一名创业者，他的第一次创业因资金链断裂而宣告失败。在那段灰暗的日子里，他承受着自我怀疑与外界质疑的双重打击。然而，正是这次失败让他深刻反思了项目的商业模式和财务管理状况，积累了宝贵的经验。几

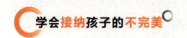

年后，他带着全新的项目再次出发。这一次，他不仅获得了投资，项目也取得了巨大的成功。小李的故事告诉我们，失败并非终点，而是通往成功的另一条起跑线。

2. 人际关系的冲突：亲密关系中的矛盾与冲突如同一把双刃剑，一方面可能给双方带来伤痛，另一方面也能促进双方互相磨合，从而加深信任与理解。在冲突中，有效的沟通是化解误会、增进感情的关键。它迫使我们跳出自我中心的视角，学会倾听与共情，从而在关系中建立起更加坚实的信任基石。

张阿姨和王叔叔结婚多年。某次，因为一件家庭琐事，两人爆发了激烈的争吵。在冷静下来后，他们进行了深入的交谈，各自表达了感受和需求。通过这次坦诚的沟通，他们不仅解决了眼前的争端，还了解了彼此内心深处的担忧和期待。这次经历让他们意识到，婚姻不仅仅是爱情的延续，更是相互理解与支持的承诺。自此以后，他们更加重视彼此的感受，关系也因此变得更加牢固。

二、生活中的不完美：厚重与力量的源泉

在人生的旅途中，不完美之处往往是最能触动人心的部分。它们如同一部厚重的史书，记录着成长的足迹，铭刻着生活的智慧。正如登山者在征服高峰的过程中，那些汗水与泪水交织的瞬间，远比轻松到达顶点更加难忘和珍贵。

老黄是一位退休教师，他最爱做的事情就是在社区公园里与年轻人分享自己的人生故事。他的讲述中，有年轻时的迷茫、中年时的挑战，也有老年时的遗憾。然而，正是这些不完美构成了他丰富的人生画卷，让他的故事充满了感染力。每当他谈到如何从失败中站起来，如何在冲突中寻找到和解之道，听众们无不为之动容，从中汲取了前行的力量。

不完美，是生活的真实写照，是人生常态，它让我们在挫折中学会坚忍，在冲突中懂得理解，在平凡中发现非凡。正视不完美，拥抱不完美，我们才能更加真实地活出自我，让生命绽放出更加绚烂的光彩。

三、不完美之美：激发创造力与创新意识

历史上无数的艺术杰作、科学发现，乃至日常生活中的小发明，往往诞生于对现有状态的不满与改进的渴望之中。正是那些看似不完美的地方，成为人类探索与创造的起点，推动着人类文明的进步。

（一）艺术中的不完美：独特魅力的源泉

在艺术领域，不完美之美体现在那些打破常规、挑战传统的作品中。它们以独特的视角和手法，激发观众的情感共鸣，展现了超越技术层面的艺术深度。

凡·高的作品《星夜》以其独特的笔触、鲜艳的色彩和梦幻般的场景而闻名，是凡·高最具代表性的作品之一。然而，在这幅画中，我们也可以发现一些明显的"瑕疵"。仔细观察《星夜》的笔触，你会发现凡·高在绘制夜空中的星星和漩涡时，笔触显得非常粗犷和不均匀。这些笔触没有遵循传统的绘画技巧，没有平滑的过渡和精细的细节描绘，而是呈现出一种近乎狂野和未完成的质感。在某些区域，颜料甚至堆积成了厚厚的团块，形成了明显的凸起。

然而，正是这些看似是"瑕疵"的笔触，赋予了《星夜》独特的生命力和情感深度。它们不仅反映了凡·高在创作时的激情和冲动，还传达了一种超越现实的梦幻感。这些笔触成为作品不可分割的一部分，甚至被许多观众和评论家视为其最珍贵的特征之一。

（二）科学发现中的不完美：推动进步的动力

在科学领域，每一次对未知领域的探索，都始于对现有知识体系的不满与疑问。正是这种对不完美的持续挑战，推动了科学的发展，带来了改变世界的重大发现。

牛顿三大定律奠定了经典力学的基础，但在解释天体运动时，仍然存在一些无法自洽的现象。爱因斯坦的广义相对论正是在这样的背景下提出的，它修正了牛顿力学在极端条件下的不准确性，为现代物理学开辟了新的道路。科学史上的每一次重大突破，几乎都是对前人理论中不完美部分的深入探究与革新。

（三）日常生活中的小发明：源于改进的渴望

在日常生活中，许多小发明的诞生也是源自对现有状况的不满与改进的渴望。这些看似微不足道的创新，却极大地提升了人们的生活质量，展现了人类对美好生活的不懈追求。

便利贴的发明就是源于美国 3M 公司一位研究员对普通便签容易脱落的不满。他偶然间发现了一种弱黏性的胶水，可以轻易撕下而且不留痕迹。这一发现最终促成了现在被广泛使用的便利贴的发明，极大地便利了人们的记事。类似的例子还有拉链、自动铅笔等，它们都是从对现有产品不完美之处的观察与思考中诞生的，进而改变了我们的生活方式。

不完美之美在于它激发了人类对未知的探索、对现状的不满、对未来的憧憬。它鼓励我们在面对挑战时勇于创新，在遭遇挫折时不言放弃。无论是艺术的瑰宝、科学的奇迹，还是日常生活的点滴便利，都是不完美之美给予人类社会的独特馈赠。

四、完美本身是一个相对的概念

在不同的文化和时代背景下，对完美的定义各不相同，甚至在同一时期，不同个体对完美的理解也有着天壤之别。这表明，追求绝对的完美只是一种虚幻的理想，而接纳与欣赏不完美，才是更加贴近真实生活的态度。

在这个崇尚完美与卓越的时代，让我们重新审视不完美之美，体会不完美的独特韵味。不完美不仅是我们共同的特征，也是我们共享的价值。它让我们更加真实、更加独特、更加富有创造力。在追求成长与进步的同时，不妨停下来，欣赏自己与周围世界的不完美，你会发现，那里蕴藏着生命最质朴的美。

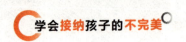

04

案例分析：成功人士背后也有不完美

在公众视野中，成功人士往往被塑造为近乎完美的形象，他们的成就似乎是由一连串无懈可击的决策和行动所构成的。然而，深入探究这些成功人士的生平，我们会发现，正是那些所谓不完美，才构成了他们独特的人格魅力，激发了他们非凡的创造力与坚韧不拔的精神。以下，我们将通过几位著名的成功人士的案例，剖析不完美在他们成长道路上扮演的角色。

一、乔布斯：不完美的天才领导者

乔布斯领导的苹果公司的产品一度被认为是完美产品，但乔布斯本人却被认为是一个有很多问题的不完美的人。比如，乔布斯与一些合作伙伴、员工甚至家人之间的关系并不融洽。他的强硬个性和对完美的追求有时会导致与他人的冲突和矛盾。但他并没有因此放弃，相反，却从失败中汲取教训，不断调整自己的策略和方向，最终用自己无可置疑的领导力激发团队成员的创造力和激情，实现目标。

二、爱因斯坦：数学不及格的物理天才

爱因斯坦是二十世纪最伟大的物理学家之一，他提出了相对论，彻底改变了人类对宇宙的认知。然而，这位科学巨匠早期的求学生涯并非一帆风顺。在学校，爱因斯坦的数学成绩一度不尽如人意，甚至被认为不适合接受高等教育。这一不完美并未限制他的想象力与创造力，反而激发了他对传统教育体系的质疑，促使他以独立思考的方式探索物理世界的奥秘。爱因斯坦的故事告诉我们，所谓不完美，往往是激发创新思维与独立精神的土壤。

三、J.K. 罗琳："哈利·波特之母"

J.K. 罗琳，英国著名作家，"哈利·波特"系列小说的作者，其作品风靡全球。然而，在成名之前，罗琳的生活充满了挑战。她曾在爱丁堡靠领取社会福利维持生计，同时还要照顾年幼的女儿。这一段于她而言不完美的生活经历，让她对人性、家庭与友谊有了更深刻的体会，最终将这些元素融入了她的作品，赋予了

"哈利·波特"系列小说深刻的情感内涵与人文关怀。罗琳的故事证明，即使在最艰难的时刻，只要保持对梦想的执着追求，总有一天能够迎来属于自己的辉煌。

四、托马斯·爱迪生：被老师视为笨蛋的发明大王

托马斯·爱迪生被誉为"发明大王"，一生拥有超过一千项专利发明，包括电灯泡、电影放映机等。然而，他在学校的学习经历颇为坎坷。好奇心与独特的学习方式使他无法跟上课程进度，他的老师曾认为他是笨蛋。这一不完美并未阻碍他的探索精神，反而促使他自学成才，最终在实验室中找到了属于自己的天地。爱迪生的故事启示我们，真正的智慧与创新往往来源于对世界的好奇心与不断试验的勇气。

综上，成功人士的不完美并非他们的负担，而是他们通往辉煌的阶梯。这些"缺陷"不仅塑造了他们独特的人格魅力，更激发了他们超越常人的创造力与坚忍不拔的精神。在追求成功的道路上，我们无须回避自己的不完美，相反，应当将其视为成长的契机，勇敢地面对挑战，坚持不懈地追求梦想。正如上述案例所展现的，正是这些不完美铸就了成功人士的辉煌人生。

05

接纳不完美：听听心理学怎么说

在心理学领域，近年来对"接纳不完美"的研究日益增多，这一概念不仅被视为个人心理健康的重要组成部分，也被认为是促进幸福感、增强复原力的关键因素。本小节旨在从心理学的角度探讨接纳不完美的科学依据，并给出一系列实践方法。

一、接纳不完美的心理学依据

（一）自我同情：温暖的内在对话

自我同情由心理学家克里斯汀·内夫（Kristin Neff）博士首次提出，他倡导以一种温暖、理解和支持的态度来对待自己的不完美和失败。这种态度与我们对待朋友的方式相似，即在他们遇到困难时，我们通常会给予同情和鼓励，而非苛责。研究发现，

高度自我同情的人在面对生活的压力和挫折时，能够更有效地调节情绪，降低焦虑和抑郁的风险，从而提升整体的幸福感。

（二）心理弹性：逆境中的恢复力

心理弹性，指个体在经历逆境或压力后，能够快速恢复并适应的能力。它被视为心理健康的重要指标。接纳不完美，特别是对自己的局限性和错误持开放态度，被证实是增强心理弹性的有效手段。当个体能够接受自己的不完美，而非逃避或否认自己的不完美时，他们更有可能从失败中汲取教训，保持积极的心态，从而在逆境中展现出更强的恢复力，继续前行。

（三）认知重构：重塑对完美的认知

认知重构是认知行为疗法（CBT）的核心组成部分，它强调通过调整对事件的认知，来改变负面的情绪和行为反应。接纳不完美，意味着我们需要重新评估完美的定义，认识到不完美是人性的固有特征，是成长和学习的必要组成部分。当个体能够接受这一事实，他们便能够减轻因追求完美而产生的不必要的压力和焦虑，进而以更加平和的心态面对生活中的挑战。

在养育孩子的漫长过程中，我们时常怀有一份理想化的期待，渴望塑造出一个完美无瑕的孩子。然而，正如世间万物皆有其不完美，孩子亦无法逃脱这一生命的基本特质。他们或许会在学习上遭遇挫折，或许会在性格上显露缺陷，或许会在行为上展现叛逆。这些不完美，如同镜中映照出的我们自己，提醒着我们，完美并非生活的常态，而是一种遥不可及的幻想。

接纳孩子的不完美，实际上是对我们自身不完美的接纳。作为父母，我们或许在职业生涯中有所成就，或许在家庭中游刃有余，但无可否认的是，我们每个人都有自己的局限与不足。我们在人际交往中可能偶尔失言，在决策判断中偶有失误，在情绪管理上或许不够成熟。这些不完美，构成了我们真实而完整的自我。

当我们试图将孩子塑造成理想的模样时，其实是在投射我们对自我的期待与遗憾。我们害怕他们重复我们的错误，渴望他们弥补我们的缺失，却忘记了，真正的成长正是从接受不完美开始的。正如我们无法成为一个完美的人，我们的孩子也无法成为一个完美的孩子。他们的每一次失败、每一次尝试、每一次犯错，都是成长道路上不可或缺的篇章。

因此，学会接纳孩子的不完美，实际上是对生命本质的一种深刻理解。它要求我们放下对外表完美的执着，转而关注内在的成长与变化。当孩子在学业上遇到困难时，我们可以鼓励他们勇于面对挑战，而不是苛责其成绩；当孩子在性格上表现出固执的一面时，我们可以引导他们学会沟通与妥协，而不是试图抹去其个性；当孩子在行为上展现出冲动时，我们可以教授他们情绪管理的技巧，而不是一味地压抑其天性。

更重要的是，学会接纳孩子的不完美，是对我们自身的一次救赎。它让我们意识到，作为父母，我们的任务并非创造一个完美的复制品，而是陪伴孩子成长为一个独立、自信、有爱心的个体。在这个过程中，我们也将学会更加宽容地对待自己，接纳自己的不完美，从而在亲子关系中建立起一种更加真实、健康、充满爱的互动模式。

二、学会接纳自己的不完美的实践

（一）练习自我同情

1. 每日反思与接纳：设立"不完美时刻"回顾环节，每天花五至十分钟，安静地坐下来，回想那些你觉得不够好的瞬间，然后，像对待一位挚友那样，给予自己温柔的安慰和理解的话语。比如："今天我确实感到有些挫败，但这并不代表我是一个失败者，我依然值得被爱。"

2. 冥想与深呼吸：利用冥想应用或指导音频，每天安排至少五分钟进行冥想，专注于呼吸，让思绪自然流淌，而不加以评判。这有助于我们在面对不完美时，保持内心的宁静与平衡。

（二）培养感恩之心

1. 感恩日记：建立一个感恩日记本，每晚临睡时写下至少三件当天让你感激的事物，可以是简单如一杯热茶的温暖，或是朋友的一句问候。通过聚焦于生活中的美好，逐渐改变我们看待事物的角度。

2.正面反馈：每当完成一项任务或经历了一天的挑战后，给自己写一封简短的信，赞美自己的努力和坚忍。记住，过程远远比结果更有价值。

（三）设定现实目标

1. SMART 原则的应用：在设定任何目标时，确保它们符合 SMART 原则。SMART 原则是一个用于设定目标的有效框架，它要求目标必须是具体的（Specific）、可衡量的（Measurable）、可达成的（Achievable）、相关的（Relevant）以及有时间限制的（Time-bound）。遵循这一原则能帮助我们确保目标既清晰又实际，易于追踪和实现。例如，你想改善健康状况，可以设定"每周至少进行三次三十分钟的有氧运动"的目标，而非模糊的"变得更健康"的目标。

2.小步前进策略：将长期目标分解成一系列短期、可实现的小目标，每完成一个小目标就庆祝一番，这样可以持续积累成就感，增强自我效能感。

（四）学会放手

1.区分可控与不可控：列出一张清单，左边写下你可以控制的事情，右边写下你无法控制的事情。专注于左侧的事项，对于右侧的内容，则练习放手，接纳不确定性。

2. 建立支持网络：与亲朋好友分享你的感受，寻找共鸣和支持。如果需要更专业的帮助，不妨咨询心理治疗师或教练，他们能提供专业指导，帮助你更好地应对挑战。

通过这些实践方法，逐步培养我们接纳不完美的能力，你会发现生活变得更加丰富多彩，内心也更加坚忍和满足。记住，每个人都是独特的艺术品，不完美才是最真实的人生。

接纳不完美并非一蹴而就的过程，它需要时间去练习。通过上述方法的实践，我们可以逐渐学会以更宽容和理解的态度看待自己的不完美，从而提升个人的幸福感和心理健康水平。记住，每个人都是独一无二的，我们的不完美正是构成我们独特魅力的一部分。在追求成长和进步的道路上，接纳自己的不完美，是通往内心平静的重要一步。

第二章

每个孩子都是
独一无二的天使：
在差异中发现美

01

孩子的特点来源于基因与环境，要学会接纳

在这个世界上，每对父母都怀揣着对孩子的美好憧憬，梦想着他们能成长为一个完美无瑕的个体。然而，当现实中的孩子展现出与我们内心期望不同的面貌时，我们不禁开始疑惑："我的孩子为何如此不同？"我们纠结于孩子的"不听话"，却忘了追问：完美的定义究竟是什么？

完美这个词在不同人的价值观中有着千差万别的诠释。对于一些家长而言，完美的孩子应该是温文尔雅、举止得体的；而对于另一些家长来说，他们更欣赏孩子身上的独立精神和冒险性格。这种差异化的期望，恰恰反映了完美这一概念的主观性和多样性。

为什么孩子之间存在如此显著的差异呢？这根源于基因、环境与个性发展三者之间错综复杂的交互作用。

基因决定了孩子性格的基础框架。例如，一对夫妇，丈夫是一位热情奔放的艺术家，妻子是一位严谨理性的工程师。他们的孩子可能继承了父亲的艺术细胞和母亲的逻辑思维，这样的遗传组合让这个孩子既富有创造力又具备分析能力，形成了其独一无二的个性特点。

环境包括家庭氛围、教育方式、社会文化等，这些对孩子性格的塑造起着至关重要的作用。想象一下，如果上述那个孩子在充满艺术气息的家庭环境中成长，他很可能会被鼓励去表达自我，培养对美的感知；但如果是在一个强调纪律和规则的环境中成长，他的创造力可能会受到一定程度的抑制，而逻辑推理能力则得到更多的锻炼。无论哪种情况，环境都在悄无声息地影响着孩子的成长路径。

个性发展是基因与环境共同作用下的结果。它是一个动态的过程，孩子在成长中不断学习、体验，形成自己的价值观和行为模式。比如，上述那个拥有艺术与逻辑双重天赋的孩子，在成长过程中遇到了挑战，如在学校中遇到难的数学题，他可能会表现出固执的一面，坚持要找到答案，这种"缺点"实际上是其内在坚忍性格的体现，也是其未来成功的重要基石。

　　作为父母，我们应当认识到，孩子的不完美实际上是他个性的独特展现。与其试图纠正或改变，不如学会欣赏和引导。当我们放下对完美的执着，就能更好地理解并支持孩子的个性发展，帮助他们在自己的道路上茁壮成长，成为独一无二的个体。

　　让我们以开放的心态拥抱孩子的每一面，无论是优点还是所谓缺点。因为正是这些特质，构成了他们丰富多彩的个性，让他们在未来的道路上能够自信地迈出每一步，成为真正的自己。在爱的滋养下，每个孩子都能绽放出属于自己的光彩，书写一段段精彩纷呈的人生故事。

应用多元智能理论，
发现孩子的闪光点

一、多元智能理论

多元智能理论是由美国哈佛大学的心理学家霍华德·加德纳（Howard Gardner）在 1983 年于其著作《智能的结构》一书中首先系统地提出的。这一理论挑战了传统的智力观念，即智力可以简单地用智商测试来衡量。根据加德纳的理论，人类的智能是多维度的，不同的个体可能在不同的智能领域展现出优势。

加德纳最初提出了七种智能类型，并随着时间的推移扩展到了八种，它们分别是：

1.语言智能：指个体有效使用口头语和书面语言的能力，在这种智能领域展现出优势的人有作家、演说家等。

2. 逻辑数学智能：涉及逻辑推理和数字操作能力，在这种智能领域展现出优势的人有数学家、科学家等。

3. 空间智能：指对视觉空间的理解和运用能力，在这种智能领域展现出优势的人有艺术家、建筑师等。

4. 音乐智能：涉及对音调、节奏和音色的敏感度，在这种智能领域展现出优势的人有作曲家、音乐家等。

5. 身体动觉智能：指通过身体运动表达思想和情感的能力，在这种智能领域展现出优势的人有运动员、舞蹈家等。

6. 人际智能：指理解和与他人有效交流的能力，在这种智能领域展现出优势的人有政治家、教师等。

7. 内省智能：指自我认识和理解个人情绪、欲望的能力，在这种智能领域展现出优势的人有哲学家、心理咨询师等。

8. 自然观察者智能：这是加德纳后来补充的一种智能，指的是对自然界中的各种生物和现象进行识别和分类的能力，在这种智能领域展现出优势的人有生物学家、园艺师等。

二、如何发掘孩子的潜能

在当今社会，越来越多的家庭开始意识到每个孩子都是独一无二的存在，拥有各自的优势和发展潜力。传统的教育体系往往只侧重于语言和逻辑数学这两种智能的培养，而忽略了其他同样重要的智能类型。

奥运跳水冠军全红婵出身于中国广东一个普通的农村家庭，她从小就展现出了对跳水的浓厚兴趣和天赋。她从小就对水有着天然的亲近感，并且拥有出色的身体协调性和平衡感。这使得她在跳水训练中能够迅速掌握技巧，并在比赛中发挥出色。她的每一次跳跃都展现了身体动觉智能的极致。

同时，在跳水运动中，运动员需要对空间有敏锐的感知和准确的判断。全红婵在比赛中能够准确地判断水池的深度、跳台的高度以及入水的角度等，这些都是空间智能的体现。她的每一次入水都如同精准的着陆，展现了她在空间智能方面的卓越才能。

全红婵在跳水生涯中展现出了坚定的意志力和自我管理能力。她对自己的训练要求严格，不断追求卓越，这种自我认知智能的运用让她在比赛中始终保持最佳状态。

更可贵的是，全红婵的启蒙教练能认识到全红婵的这些具有优势的智能天赋并对其进行针对性训练。

全红婵承受着巨大的训练强度和比赛压力，但她从不轻言放弃。在教练的指导下，她磨炼了自己的技巧，不断提升自我。2021 年的东京奥运会上，全红婵以近乎完美的表现赢得了女子十米跳台的金牌，震惊了全世界。她不仅展示了卓越的技术，还有着超乎年龄的冷静和专注力。

全红婵的成功不仅仅是个人的荣耀，也是人类拥有多种智能、人生具有多种成功方式的示例。她的事例向世人证明，每个孩子都有自己的独特天赋，而这些天赋不应被标准化的教育体系所束缚。父母乃至社会应当鼓励孩子探索自己的兴趣，支持他们在各自的领域内追求卓越。全红婵的故事提醒我们，体育、艺术、音乐和其他非学术领域的才能同样值得尊重和培养，这些才能也可以成为改变世界的力量。

历史上也不乏这样的例子，像胡适和钱锺书这样的人物，尽管他们在某些领域可能显得"偏科"，但他们却在自己真正热爱的领域取得了非凡的成就。胡适是中国现代史上著名的学者，他对文学和哲学的贡献远远超过了他在其他学科的表现。钱锺书，一位文学巨匠，他的著作《围城》和《管锥编》展示了他的文学才华。

以上这些例子告诉家长们，不必过分苛责孩子在某些方面的不完美，因为每个人都有其独特的光芒。正如夜空中每一颗星星都有它自己的亮度和位置，每个孩子也有他独特的天赋和使命。家长的任务是帮助孩子发现自己的兴趣所在，鼓励他们追求自己的激情，而不是强迫他们走一条既定的、看似正确的道路。

那么，作为家长，我们应该如何做呢？

（一）认识到每个孩子都是独特的

作为家长，我们应该认识到，每个孩子都有自己的智能组合，这意味着他们在某些领域可能表现出色，而在其他领域则可能表现较弱。家长应该意识到孩子的这些差异，并且尊重和接纳他们的个人特质。

（二）鼓励孩子的优势智能

家长可以通过观察和与孩子互动来发现孩子的优势智能领域。一旦确定了孩子的优势智能，就可以为他们提供相应的支持，比如给他们报名参加音乐课程，鼓励他们参加体育训练或是增加他们的阅读时间，以此来进一步发展这些优势智能。

（三）支持全面发展

作为家长，我们即便发现孩子在某些方面不太擅长，也不应该忽视这些领域。我们可以鼓励孩子尝试新事物，并且帮助他们克服挑战，以促进他们全面发展。

（四）避免单一标准

我们不应该仅仅依据学业成绩来评价孩子，而是应该从多个角度来观察和评价他们的能力和进步。我们应该认可孩子的努力和成就，而不是过分强调结果。

（五）个性化教育

我们可以根据孩子的兴趣和智能优势来制订教育方案，这样可以更好地激发孩子的学习兴趣和动力。此外，我们也可以给孩子提供多样化的学习体验，比如实践活动、游戏化学习等，来激发孩子的学习兴趣和动力。

（六）营造积极的学习环境

我们可以营造一种支持性的家庭氛围，鼓励孩子尝试新事物，即便失败也不畏惧。同时，我们也要鼓励孩子探索自己的兴趣，并为他们提供资源和支持。

（七）加强沟通与理解

我们可以与孩子保持开放和诚实的沟通，了解他们的感受和想法。同时，我们还要学会倾听孩子的意见，并尊重他们的选择。

（八）鼓励自我反思

我们可以教导孩子学会自我反思，帮助他们认识自己的优点和需要改进的地方。通过自我反思，孩子可以更好地理解自己的智能组合，并找到适合自己的发展方向。

　　通过应用多元智能理论，我们可以更好地理解孩子的独特性，从而为他们提供一个充满爱与支持的成长环境。这样的环境不仅有助于孩子全面发展，也能让他们学会接受自己的不完美，并在此基础上不断成长。

03

尊重个体差异，
寻找最适合孩子的教育路径

一、多样性的学习风格

在当今社会，教育系统面临着一个挑战：如何满足不同学习风格的孩子的需求。传统的教育模式往往采取"一刀切"的方法，忽视了学生的个体差异。然而，每个孩子都有其独特的能力和兴趣点，这要求我们要在教育方式上做出改变，以适应个体差异。通过探索不同的学习风格，我们可以更好地让孩子在学习过程中保持动力与热情。

小安是一个对语文充满热情的孩子，尤其喜爱写作。

但在语文课上，传统的学习方式往往是机械式地重复——比如领读字词、画简笔画、重复抄写同一个汉字，这让小安感到痛苦和乏味。语文老师起初认为他对语文没有兴趣，实际上，小安渴望的是更有趣和更具创意的学习方式。

目前，心理学家和教育学家已经识别出了多种不同的学习风格，了解这些学习风格可以帮助我们更好地支持孩子的发展。以下是几种常见的学习风格及其特点。

（一）视觉型

视觉型学习者喜欢使用色彩鲜艳的笔记和思维导图，他们能够通过视觉材料快速理解和记忆信息。因此，这类学生通过图表、视频和图像来学习效果最好。

（二）听觉型

听觉型学习者善于听讲，他们能够通过声音和语言理解复杂的概念。因此，这类学习者更适合通过听讲座、讨论和录音来吸收知识。

（三）阅读／书写型

阅读／书写型学习者擅长阅读书籍和文章，并且喜欢通过写作来整理自己的想法。因此，这类学习者能够通过阅读来获取信息，并通过写作来加深理解。

（四）动觉型

动觉型学习者喜欢动手做项目，通过实际操作来学习。因此，这类学习者适合通过实践操作和体验来理解概念。

（五）社交型

社交型学习者喜欢团队合作和集体讨论，能够在交流中获得新的见解。因此，这类学习者适合通过与他人互动来学习。

（六）独立型

独立型学习者更喜欢独自工作，自己解决问题。他们能够自我激励，独立完成任务。

（七）逻辑型

逻辑型学习者擅长分析和解决数学问题或逻辑谜题。他们能够快速理解抽象概念，并将其应用于实际情境中。

二、如何确定适合孩子的学习风格

（一）注意孩子对不同教学方法的反应

当孩子在阅读、听讲座或是参与实践活动时，我们要观察他们的兴趣和专注程度。例如，如果孩子在听讲座时显得格外投入，那么他可能是一个听觉型学习者；如果孩子在参与实践活动时表现出更大的兴趣，那么他可能是一个动觉型学习者。

（二）鼓励孩子表达他们的感受

询问孩子最喜欢哪些类型的活动，以及为什么喜欢这类活动。例如，如果孩子说他喜欢阅读，那么他可能是一个阅读／书写型学习者。

（三）尝试多样的学习资源

为孩子提供各种各样的学习材料，如书籍、在线课程、游戏和实验工具等，观察他们在接触这些资源时的表现，找出他们最感兴趣的部分，以此来确定他们的学习风格。

三、如何帮助不同学习风格的孩子更有效地学习

（一）孩子是视觉型学习者

我们可以为这种学习风格的孩子提供图表、视频教程和彩色笔记。例如，可以提供电子书中的动画和插图来帮助孩子理解概念。

（二）孩子是听觉型学习者

我们可以为这种学习风格的孩子寻找有声读物、播客和音频教材。例如，可以给孩子订阅一些高质量的教育音频节目，让孩子在轻松愉快的氛围中学习新知识。

（三）孩子是阅读／书写型学习者

我们可以为这种学习风格的孩子准备丰富的阅读材料和写作

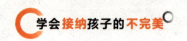

练习，鼓励他们写日记、故事或者诗歌，让他们以此来表达自己的想法。

（四）孩子是动觉型学习者

我们可以为这种学习风格的孩子安排实验、户外活动和手工制作项目。例如，可以让他们参加科学实验俱乐部或者一起做一些家庭手工艺品。

（五）孩子是社交型学习者

我们可以为这种学习风格的孩子组织小组讨论或团队项目，让他们有机会与同龄人一起学习。

（六）孩子是独立型学习者

我们可以给予这种学习风格的孩子更多的自主权，让他们自己选择学习的主题和方法。

（七）孩子是逻辑型学习者

我们可以为这种学习风格的孩子提供数学游戏和逻辑谜题，让他们在解决问题的过程中锻炼思维能力。

通过以上这些方法，我们可以帮助孩子找到更适合自己的学习方式，从而更加享受学习的过程。更重要的是，家长应该持续地支持和鼓励孩子探索适合他们的学习风格，帮助他们在成长的道路上取得成功。

通过关注每个孩子的独特需求，我们可以为他们营造一个更加包容和富有支持性的学习环境，这不仅有助于提高他们的学习效率，还能培养他们的创造力和批判性思维能力，为他们未来的发展做好准备。

04

掌握情绪智能理论，引导孩子调节情绪

一、了解情绪

小可是一个正值青春期的少年，最近，他的行为让父母感到十分困扰。原本温和可爱的小可突然变得喜怒无常，常常因为一些小事而大发雷霆，甚至与家人产生争执。父母试图寻找解决办法，却发现自己越来越理解不了小可的行为。

在探索如何应对小可的变化之前，让我们先来了解一下情绪是什么。

　　情绪是一种复杂的心理状态，它由生理唤醒、主观体验和认知过程三部分组成。情绪不仅仅是喜怒哀乐这么简单，它是我们对周围世界的直接反应，也是我们与他人互动的基础。

　　情绪分为基本情绪和复合情绪。基本情绪包括快乐、悲伤、愤怒、恐惧、惊讶和厌恶等；复合情绪则是由基本情绪组合而成的，例如羞愧、嫉妒、自豪等。情绪在我们的日常生活中发挥着非常重要的作用。

　　首先，情绪能够保证我们的安全。比如，当你走在路上突然听到身后传来急促的脚步声，你可能会感到恐惧，这种恐惧感促使你加快脚步或者回头察看情况，这就是情绪保证我们安全的一个例子。

　　其次，情绪能够帮助我们更好地与他人沟通。想象一下，如果你的朋友告诉你一个好消息，你会通过微笑、拥抱或高兴的声音来表达你的喜悦和支持，这样对方就能感受到你的积极情绪，从而加深彼此间的情感联系。

　　再次，情绪能够激励我们去实现目标。比如，当你对某项比赛充满激情时，这种兴奋感会让你更有动力去训练和准备，从而提高获胜的概率。

　　最后，情绪也会影响我们的思考方式。当你心情好的时候，你可能会更加乐观地看待问题，而当你心情低落时，你可能更容易关注到负面的信息。比如，面对一份工作邀请，你如果当时正处在愉快的情绪状态中，可能更倾向于看到这份工作的积极方面，并做出肯定的决定。

就像成年人会有情绪波动一样，我们的孩子也会经历各种情绪波动。无论是开心还是忧愁，这都是一个孩子正常的情绪表达。情绪是客观存在的，没有好与坏、完美与不完美之分。作为父母，我们需要认识到这一点，并学会接纳孩子的情绪。青春期的孩子由于身体激素的变化，更容易表现出情绪上的不稳定。这时，我们需要给予孩子更多的理解和耐心。

二、如何接纳孩子的情绪

首先，我们需要接纳孩子的情绪，即我们需要认识到孩子有情绪波动是一件非常正常的事；其次，我们需要引导孩子调整和控制自己的情绪。

接纳孩子的情绪意味着我们要认识到孩子的情绪体验是真实和重要的。即使有时候我们可能不完全理解或赞同他们的情绪反应，我们也需要尊重并认可他们的这些感受。下面一些具体的做法可以帮助我们更好地做到这一点。

（一）认可孩子的情绪

当孩子因为一件小事而哭泣时，比如丢失了一个玩具，我们可以这样说："我知道你现在感觉很难过，失去这个玩具让你很不开心。我明白这个玩具对你很重要。"通过这种方式，我们就传达了对孩子感受的理解和尊重。

（二）倾听和同理心

在孩子向我们倾诉时，我们要保持耐心，认真倾听他们的讲述。我们可以问："你能告诉我发生了什么吗？"或者"你觉得为什么会这样呢？"这表明我们在乎他们的感受，并愿意帮助他们解决问题。

（三）使用适当的语言

帮助孩子识别和命名他们的情绪非常重要。例如，当孩子因为自己被同学取笑而显得沮丧时，我们可以对他们说："你看起来有点伤心，是因为被同学取笑而感到不开心吗？"这样的对话可以帮助孩子学会用词语来表达自己的感受，而不是通过行为来发泄情绪。

三、如何引导孩子调整情绪

引导孩子调整和控制自己的情绪是一个渐进的过程，需要家长的耐心和支持。下面是一些具体的方法，可以帮助孩子学会更好地管理自己的情绪。

（一）教授孩子冷静的技巧

1. 深呼吸：教给孩子深呼吸的方法，比如让他把手放在肚子上，深吸一口气，心中默数到 5，然后慢慢呼气。这是一种帮助他们平静下来的简单有效的方式。

2. 数数：鼓励孩子在感到愤怒或不安时数数，从 1 数到 10 或更多，这有助于转移孩子的注意力并降低情绪的强度。

3. 做一些简单的伸展运动：做一些简单的放松动作，比如轻轻地摇晃双臂或旋转肩膀，可以帮助孩子缓解紧张的情绪。

（二）教孩子积极表达

1. 语言表达：鼓励孩子用语言来表达他们的感受，而不是通过攻击性的行为来表达感受。比如："如果你感到生气，试着告诉我你的感受，我们一起找解决办法。"

2. 创造性表达：鼓励孩子通过绘画、写作或其他创造性的活动来表达情绪，这样可以让他们找到一个健康的情绪出口。

（三）设置界限

1. 明确行为界限：我们虽然要接纳孩子的情绪，但也需要设立清晰的行为界限。例如："我知道你很生气，但是扔东西是不对的，我们可以一起找到更好的方法来处理这种情况。"

2. 后果教育：如果孩子因为情绪失控而做出了不当行为，要确保他们了解这种行为的后果，并承担相应的责任。比如："你因为刚才扔了玩具，所以现在需要把它们捡起来并放回原位。"

（四）树立榜样

向孩子展现如何冷静地处理情绪：作为家长，我们要通过自己的行为向孩子展示如何健康地处理情绪。比如，当你自己遇到挑战时，可以让孩子看到你是如何平静地处理情绪的。你可以告诉他们："我今天遇到了一些困难，但我选择停下来深呼吸，然后再考虑下一步怎么做。"

（五）鼓励解决问题

1. 引导思考解决方案：鼓励孩子思考解决问题的方法，而不是仅仅关注问题本身。比如："你觉得我们可以怎样解决这个问题？"

2. 培养积极心态：教会孩子从积极的角度看待问题，即使在遇到困难时也要寻找积极的一面。例如："我们今天尽管输掉了比赛，但学到了很多，下次我们可以做得更好。"

通过这些具体的策略，我们可以帮助孩子学习如何更好地管理自己的情绪，为他们今后的生活奠定坚实的基础。

每个孩子都是独一无二的，他们的情绪世界同样丰富多彩。作为父母，我们的任务就是帮助孩子学会拥抱情绪的复杂性，培养他们的情感智力和社会适应性。在这个过程中，我们会发现，理解和支持孩子的情绪变化，不仅能加深亲子间的联系，还能帮助他们成长为更加成熟、自信的个体。

05

从不完美中寻找灵感，
激发孩子的创造力

在当今社会，创造力不仅是一种天赋，更是一种可以被培养和发展的能力。它要求我们打破常规，拥抱不确定性，并在看似无关紧要的事物中寻找灵感。非传统思维则鼓励我们超越表面现象，探索那些通常被忽略的可能性。本小节将探讨如何利用非传统思维，在不完美的现实中发掘灵感，进而激发创造力。

在追求完美的过程中，我们往往会错过许多宝贵的机会。完美主义可能会限制我们的想象力，因为它倾向于让我们在既定的框架内思考。相反，接受事物的不完美能够打开一扇通往无限可能性的大门。例如，一块形状不规则的石头，在普通人眼中可能只是一块普通的石头，但在艺术家的眼中，它可能是雕塑的灵感来源。

　　传统思维方式往往依赖既有的逻辑和经验，而非传统思维则鼓励我们跳出现有框架，探索那些非线性、非常规的路径。这可能意味着尝试一种全新的工作流程，或是采用一个完全不同的视角来审视问题。比如，当我们面临创意瓶颈时，不妨尝试一下逆向思维——问自己："如果我不这么做，会怎么样？"这样的提问往往能激发出意想不到的解决方案。

　　对于父母而言，培养孩子的创造力不仅是帮助他们成为未来社会中有竞争力的个体，更是让他们学会享受生活的过程。在这个过程中，接受并欣赏不完美是非常重要的一步。下面，本书将提供一些实用的建议，帮助大家在日常生活中引导孩子学会从不完美中发现美，从而激发他们的创造力和非传统思维。

一、接纳不完美

（一）行动建议

　　1. 展示自己的不完美。作为父母，我们可以勇敢地分享自己的失败经历，让孩子知道每个人都会犯错，重要的是要从错误中学习。

　　2. 鼓励孩子尝试新事物，即使尝试的结果不如预期，也要给予孩子积极的反馈和支持，强调过程比结果更重要。

（二）案例故事

　　小明在画画时，不小心把颜料混在一起，结果画出了他从未见过的颜色。起初，他很沮丧，但父母鼓励他继续创作，最终他创作出一幅独特的风景画。这个经历教会了他，有时候意外也能带来惊喜。

二、鼓励探索未知

（一）行动建议

　　1.提供多样化的学习材料：给孩子提供各种各样的书、玩具和艺术用品，鼓励他们去尝试不同的活动。

　　2.组织户外活动：带孩子到大自然中去，让他们观察树木、昆虫等自然界的奇妙之处，激发他们的好奇心。

（二）案例故事

　　小哲对家里的旧自行车产生了兴趣，想要了解它是怎么工作的。他的父母给了他一些简单的工具，并鼓励他拆解自行车来探索内部结构。他虽然最初尝试时遇到了困难，但最终学会了如何修理自行车，并且在这个过程中获得了成就感。

三、培养解决问题的能力

（一）行动建议

1. 提出开放式问题：鼓励孩子思考"如果……会怎样"这样的问题，培养他们解决问题的能力。

2. 共同解决问题：当孩子遇到难题时，不要立即给出答案，而是与他们一起讨论可能的解决方案。

（二）案例故事

小杰在做手工时遇到了一个挑战——他想做一个风车，但是不知道如何让叶片转动起来。他的妈妈没有直接告诉他答案，而是与他一起讨论了风车的工作原理，并引导他自己找到解决方法。这次经历不仅提高了小杰解决问题的能力，还加深了母子之间的感情。

四、激发创造力

（一）行动建议

1. 营造一个充满创造力和想象力的环境：我们可以为孩子构建一个专门的空间，放置各种艺术和手工材料，让他们自由发挥。

2. 鼓励跨学科学习：我们可以结合科学、艺术和数学等多个领域的知识，促进孩子全面发展。

（二）案例故事

小丽喜欢画画，同时也对植物学感兴趣。她的父亲建议她画出她所看到的各种植物，并尝试用文字记录下它们的特点。这项活动不仅提高了她的绘画技巧，还让她学到了许多关于植物的知识，激发了她对自然界的浓厚兴趣。

通过以上这些实践，孩子们不仅能够在不完美的世界中找到乐趣，还能培养出解决问题的能力和创新精神。作为父母，我们要做的就是提供一个安全和具备支持性的环境，让孩子自由地探索和发展他们的创造力。

第二部分

实践指南：
和孩子一起成长，
拥抱每一个
不完美的瞬间

第三章

家庭是孩子的
第一所学校

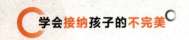

01

警惕"鸡娃"和"唯成绩论"

在当今社会，随着互联网的普及和信息传播的加速，我们时常能在网络上看到普通人分享自己的生活点滴。其中，有一类视频格外引人深思，它们来自各行各业的劳动者。在镜头前，他们坦诚地说："我只是不擅长考试，但我并不是坏孩子，我靠勤劳的双手养活自己和家人。"这些朴实的话语，道出了当代教育体系中一个普遍存在的误区——"唯成绩论"。

"唯成绩论"这一现象根植于社会对成功的狭隘认知以及教育体制的固有模式。在很多家长眼中，成绩几乎成了衡量孩子能力和潜力的唯一标准。在这种观念下，孩子的交往对象甚至也被严格限制。比如，家长会告诫孩子："某某成绩不好，你不要和他玩了。"这种观念也给那些在传统学习评价体系中表现平平的孩子带来了沉重的心理负担。

"唯成绩论"忽视了人的智能是多元的这一事实。正如霍华德·加德纳的多元智能理论所指出的，每个人都有自己的优势和特长，而这些不一定都体现在学习成绩上。那些在考试中未能取得高分的孩子，也许在艺术、体育、社交或创新思维等方面有着不可小觑的天赋。当社会和家庭过分强调成绩的重要性时，实际上是在扼杀孩子的个性和潜在能力。

社会的正常运转需要各行各业的人才，每个人都有其独特的价值和作用。那些看似平凡的工作，实则是社会不可或缺的一部分。他们通过自己的辛勤劳动，为城市的生活提供了便利，为社会的和谐做出了贡献。

家长们普遍抱有通过教育提升孩子未来生活质量的愿望，这种愿望无可厚非。我们期望孩子能够通过良好的学习表现，进入一流大学，从而在就业市场上占据有利位置，享受更加轻松的生活。这一目标反映了父母对孩子未来的美好愿景，但同时也暴露出一个普遍存在的误区——过分强调成绩在孩子成长过程中的作用。

我们常常将优秀的学习成绩视为通往幸福生活的敲门砖，然而，现实往往比我们想象中要复杂得多。幸福和快乐的定义因人而异，对于有些人来说，它可能意味着事业的成功；而对于有些人来说，则可能是家庭的和谐、个人的兴趣追求或是内心的平静。

幸福的源泉并非单纯来自外在的成就，更多源自内心的满足和平静。有些在外人看来非常成功的人士，也会感到不快乐。对待孩子的成长，不应仅以成绩作为评价标准。当孩子个人的欲望与能力相匹配时，当他们能够在自己热爱的领域中施展才华时，即使遇到困难，也能从中找到乐趣，获得成长。因此，将孩子的未来幸福完全寄托于高学历和好工作，未免过于片面。

在繁华的大都市中，不少家庭条件优渥的父母常自豪地宣称："我们绝非'唯成绩论'的拥护者，我们追求的是孩子的德智体美劳全面发展。"为此，他们不惜花费重金，为孩子报名参加各式各样的兴趣班：书法、舞蹈、拳击、编程、马术、美术……然而，这些丰富多彩的课外活动为孩子带来的是全面发展，还是另一种形式的"唯成绩论"呢？

表面上看，这些父母似乎在努力打破单一的学习评价体系，鼓励孩子探索多方面的兴趣和才能。然而，深入探究后不难发现，这种"全面发展"的追求往往只是"唯成绩论"的另一种表现形式。家长们期待孩子在各个领域都能表现出色，这种期望不仅没有减轻孩子的负担，反而在孩子原有的学习压力之外，又给他们增添了许多额外的负担。

很多孩子在上兴趣班时并未真正体验到乐趣。而为了父母的期望，他们不得不在放学后赶往一个又一个兴趣班。这种高强度的日程安排，让孩子几乎没有时间放松，更谈不上自我探索和兴趣培养。长此以往，孩子不仅会感到身心疲惫，还可能逐渐丧失对学习和生活的热情。

真正的全面发展，应当基于孩子的兴趣和天赋，鼓励他们按照自己的节奏成长。教育的目的在于释放孩子的天性，而非压抑他们的个性，强迫他们成为完美的人。父母应当学会倾听孩子内心的声音，给予他们探索自我和追求梦想的空间，而不是简单地将社会的期待强加于孩子。

一些家长存在攀比心理，从成绩排名到才艺展示，这给孩子造成了无形的压力。孩子被置于一个不断比较的环境中，这种持续的比较不仅可能损害他们的自尊心，还可能导致他们形成错误的价值观，认为自己的价值取决于外在的成就而非内在的品质。

在快节奏的现代生活中，作为父母，我们应当深刻反思一下，我们是否真正理解了教育的初心。培养一个全能型孩子固然令人骄傲，但更重要的是，让孩子成长为一个身心健康、充满好奇心和创造力的个体。当我们放下对完美的执着，给予孩子更多的理解、支持和自由时，或许会发现，真正的幸福和成功往往隐藏在那些看似不起眼的日常瞬间。

在孩子的成长路上，让我们携手共进，以更加开放的心态探索适合每个孩子独特发展的教育之路。唯有如此，我们才能培养出一代又一代自信、快乐、富有创造力的未来栋梁。

面对上述这些误区和挑战，家长需要重新审视家庭教育的目标和方法。

首先，我们应该尊重孩子的兴趣和选择，鼓励他们追求自己真正热爱的事情，而不是盲目跟风。

其次，培养孩子的专长比追求面面俱到更重要，因为每个人都有自己的独特之处，专注于发展这些特点能让孩子在特定领域内脱颖而出。

最后，家长应摒弃攀比心态，转而关注孩子的个人成长和幸福，让他们在健康、宽松的环境中自由发展。

当代家庭教育面临的误区和挑战，归根结底是对完美概念的误解。每个孩子都是独一无二的个体，他们的价值无法用单一的标准来衡量。作为家长，我们的责任是引导孩子认识自我、发掘潜力，而非塑造一个理想的完美模型。只有在理解和支持的基础上，孩子才能健康成长，自信地面对未来的挑战。

02

不完美的孩子，也值得被爱

　　小林是一名小学五年级的学生，最近的一次期末考试，他遭遇了一次滑铁卢，成绩不如以往那么优异。这如同晴天霹雳，令他内心充满恐惧。回到家中，他面临父母一连串的质问："为什么考得这么差？是不是贪玩了？是不是没有好好学习？"这些话语如同寒冰，让他的心灵承受着巨大的压力。夜晚，小林常常被噩梦惊醒，梦里全是父母失望的眼神。他开始质疑，父母的爱是否只建立在他达到他们设定的标准之上。长期的焦虑和不安，不仅影响了他的学业，更让他的身心健康遭受重创，日渐消瘦。

作为父母，我们应当意识到，家庭不仅仅是孩子成长的摇篮，更是他们情感的避风港。一个充满爱和支持的环境，对孩子的成长至关重要。爱能滋养孩子的心灵，给予他们面对困难的勇气和力量。

人的优秀并非仅限于学习成绩，而是涵盖了多维度的能力和品质，如思考力、执行力、专注力、勇气、善良等。我们身边不乏聪明的成年人，但他们可能在耐挫力或勇气上有所欠缺，而这可能恰恰是他们职业生涯的绊脚石。原生家庭对孩子性格的塑造具有深远的影响，一个在压抑环境中长大的孩子，其一生可能都在寻求那份缺失的快乐和自信。

幸福的原生家庭能够孕育出有勇气的孩子。无论人生路途上遭遇何种挫折，这样的孩子都能以更加积极的态度去面对和克服。因此，构建一个幸福的原生家庭，意味着要接纳并包容孩子的不完美，让他们在爱的包围中茁壮成长。

那么，要如何构建幸福的原生家庭，接纳和包容孩子的不完美呢？

1. 无条件的爱：我们应该向孩子表达无条件的爱，让他们明白，无论成绩如何，父母的爱都不会改变。爱应该是稳定的情感基础，而非易变的交易。

2. 倾听与沟通：我们应该定期与孩子进行深入的交流，了解他们的想法和感受，而不是仅仅关注他们的成绩。通过有效的沟通，帮助他们建立自信，培养他们解决问题的能力。

3. 共同成长：我们应该鼓励家庭成员之间相互学习，共同成长，无论是父母还是孩子，都可以从对方身上学到新的东西。这个共同进步的过程，能够增强家庭成员之间的情感联系。

4. 设定合理的期望：我们应该设定符合孩子能力和发展阶段的期望，避免过高的期望给孩子造成压力。我们要认识到每个孩子都是独特的，他们有自己的节奏和成长路径。

5. 鼓励探索与尝试：我们应该支持孩子探索自己的兴趣，即便是在非传统领域。失败是成功之母，让孩子在安全的环境中体验失败，从中学习和成长。

6. 营造积极的家庭氛围：我们应该通过日常的小事，如与孩子一起做饭、玩游戏或阅读，营造快乐的家庭氛围，强化家庭成员之间的联系。

通过以上这些方式，我们可以营造出一个既包容又充满爱的家庭环境，让孩子感受到家的美好，成长为内心强大、勇敢面对生活挑战的人。

03

倾听孩子的心声，
与孩子进行有效交流

一、亲子沟通的重要性

　　小柯是一名小学六年级的学生，他性格内向，总是独自一人默默承受着压力。在学校，他偶尔会与同学发生冲突，但他却从未告诉过父母。原因很简单，小柯与父母之间的沟通渠道似乎并不畅通，双方尽管都深爱着彼此，但缺乏有效的沟通方式。小柯觉得，就算自己跟父母倾诉了，父母也不会理解他，或许还会责怪他没有处理好人际关系。

　　直到有一天，小柯和一个同学发生了冲突，不慎受伤。

当父母得知这一消息时，他们既震惊又心疼，急忙赶到医院。看着儿子身上的伤，他们不禁流下了眼泪，心中充满了自责和懊悔。在那一刻，小柯感受到了久违的温暖，父母的关心和爱护让他意识到，无论遇到什么困难，家永远是他最坚实的后盾。

小柯的故事揭示了亲子沟通的重要性。在孩子的成长过程中，父母不仅是他们的监护人，更是他们的引领者和支持者。有效的亲子沟通有诸多好处。

1. 建立信任：当孩子知道父母愿意倾听他们的烦恼时，他们会更愿意敞开心扉，分享自己的喜怒哀乐，这对于建立深厚的信任关系至关重要。

2. 促进理解：通过沟通，父母可以更好地理解孩子的内心世界，包括他们的需求、兴趣和困惑，从而为他们提供更有针对性的支持和指导。

3. 提供安全感：在面对外部压力和挑战时，孩子需要知道家是一个安全的避风港，父母的理解和支持能为他们提供必要的安全感，帮助他们勇敢面对困难。

4. 培养独立解决问题的能力：通过与父母交流，孩子可以学习如何表达自己的感受，如何处理人际关系中的矛盾，从而培养

自身独立解决问题的能力。

二、增进亲子沟通的技巧

在家庭这个最温馨的港湾里，父母与孩子之间的沟通是维系亲情的关键。一个充满爱与理解的沟通环境，不仅能加深彼此的情感联系，还能帮助孩子建立起强大的内心世界，让他们在面对外界的风浪时，知道父母始终是他们最坚实的后盾。以下是增进亲子沟通的一些技巧，能够帮助家长营造让孩子感到安全与被爱的沟通氛围。

（一）有效倾听：打开孩子心扉的钥匙

1. 全神贯注：当孩子愿意与你分享时，你要放下手中的事务，用眼神、肢体语言传达你的关注与兴趣，确保你的注意力完全集中在孩子身上，让他们感受到此刻他们是最重要的。

2. 开放式提问：鼓励孩子表达更多的细节，使用开放式提问代替简单的封闭式提问。例如，"今天在学校有什么有趣的事情发生吗"，而不是"你今天在学校开心吗"。

3. 反馈与确认：重复孩子的话或用自己的话总结他们所说的内容，确保你正确理解了他们的意思。这不仅有助于避免误会，还能让孩子感觉到被认真对待。

（二）温暖表达：传递爱与支持的语言

1. 积极肯定：经常使用积极的语言来肯定孩子的努力和成就，无论大小。一句简单的"你做得真棒"或"我为你感到骄傲"都能极大提升孩子的自信心。

2. 具体表扬：避免模糊的赞美，尽量具体说明你欣赏孩子的某些行为或特质。例如，可以说"我喜欢你帮助弟弟整理玩具，你真是个好哥哥"。

3. 共情共鸣：当孩子遇到困难或感到沮丧时，表达你的理解与同情。例如，可以说"我知道这很难，我小时候也有过类似的感觉"，这会让孩子感受到被看见和被理解。

（三）创建安全的对话空间

1. 无评判区：保证孩子在与你交谈时不会受到批评或惩罚，即使讨论的是关于错误或失败的话题，也要保持开放和理解的态度，鼓励孩子从中学到经验或教训。

2. 定期召开家庭会议：设立固定的家庭交流时间，可以是每周一次的晚餐谈话，也可以是每晚睡前的悄悄话。这能让孩子养成分享日常的习惯，也便于家长及时了解孩子的思想动态。

3. 共同制定规则：在家庭规则的制定上，邀请孩子参与讨论，让他们感到自己是家庭决策的一分子。这不仅能增加规则的可执行性，还能培养孩子的责任感和自我管理能力。

　　通过以上技巧，父母可以与孩子建立起更加紧密和深入的亲子关系。在一个充满爱与尊重的环境中，孩子不仅能感到安全与被接纳，还能学会如何健康地表达自己的情感，这对他们未来的人际交往有着不可估量的正面影响。记住，沟通的艺术在于倾听与表达之间的平衡，以及在每一次交流中传递的爱与支持。

04

设定孩子可以达到的目标，重视过程而非结果

　　小宋出生在一个物质条件充裕的家庭中，他的父母是成功的商人，都忙于自己的事业，将大部分时间放在工作上。他们认为，只要提供了充足的物质条件，孩子便能自然而然地享受生活。于是，父母缺席了小宋的成长。虽然小宋在物质方面总是能得到满足，他的学习和生活却鲜少受到父母的关注。父母对小宋的唯一要求就是不触犯法律，这看似宽容的背后，实则是一种隐形的放纵，剥夺了他探索自我、追求目标的动力。

　　在这种环境下，小宋逐渐失去了自我驱动力，他没有明确的梦想，也缺乏实现目标的计划。父母的放手教育让

他在面对未来的选择时感到迷茫、不知所措。小宋的故事警示我们，父母的过度放任，虽给予了孩子表面上的自由，却剥夺了他们成长中最宝贵的东西——目标感与对自我实现的渴望。

与小宋的父母不同，小许的父母采取了截然相反的教育方式。他们为孩子的未来感到极度焦虑，担心小许在竞争激烈的社会中失去立足之地。为了不让小许输在起跑线上，他们实施了所谓"鸡娃"策略，小许的每一天都被安排得密不透风，小许几乎没有片刻的休息时间。

小许的父母希望通过这种高投入让孩子在未来的竞争中能够脱颖而出。然而，他们忽视了小许的情感需求和身心健康。在长期的高压下，小许开始表现出明显的焦虑症状，睡眠质量下降，食欲减退，最终在一次剧烈的头痛后，彻底病倒，身体和精神都到了崩溃的边缘。

小宋与小许的故事揭示了父母的期望对孩子成长的深远影响。首先，过度放任与过度控制都不是培养孩子健康人格的最佳方式，都会导致孩子自我价值感的扭曲，前者可能使孩子缺乏目标感和自我驱动力，后者则可能使孩子过度依赖外界评价，形成不健康的成就导向；其次，长期忽视孩子或让孩子处在高压环境之中，容易导致孩子出现焦虑、抑郁等心理问题，影响其心理健康；最后，极端的期望模式可能削弱孩子的社交技能，无论是过于自我封闭还是过度竞争，都可能阻碍孩子建立健康的人际关系。真正的爱，是在自由与约束之间找到平衡，既给予孩子探索未知的勇气，也教会他们责任与自律。

皮格马利翁效应（Pygmalion effect），也被称为"期望效应"或"罗森塔尔效应（Rosenthal effect）"，源自古希腊神话中雕刻家皮格马利翁的故事。在心理学中，这一效应描述了期望如何能够显著地影响个人的表现和行为，尤其是对儿童和青少年而言。当某人特别是权威人物，如教师或父母，对另一个人持有积极的期望时，这种期望往往会成为现实，反之亦然。

积极的期望能够激发孩子的内在动力，促进其自我效能感的提升。当父母或教师对孩子抱有高度的期望，相信他们能够克服困难、实现目标时，这种信念会潜移默化地传递给孩子。孩子会感受到自己被看重、被信任，进而产生更强的自信心和决心，愿意付出更多的努力去证明自己。在这样的正面循环中，孩子更可能展现出其潜在的能力，实现自身的成长和进步。

与积极的期望相对，消极的期望则可能对孩子的心理和行为产生负面的影响。如果父母或教师对孩子的能力持怀疑态度，频繁地表达失望或不信任，孩子可能会吸收这些消极信息，逐步形

成自我否定的内在观念。在这样的环境中成长，孩子可能会逐渐降低对自己的期望，减少努力，甚至放弃追求更高的目标。长期的消极期望可能导致孩子自我价值感降低，影响其社交能力和心理健康，甚至限制他们原本水平的发挥。

因此，对孩子抱有合理的期望，既不放任自流，也不过度施压，是家庭教育和学校教育的关键。合理的期望应该基于对孩子的了解，考虑到他们的年龄、能力、兴趣和个性。父母应当帮助孩子设定具体、可实现的目标，同时提供必要的支持和鼓励，帮助孩子逐步建立自信和养成自我管理的能力。

一、如何了解我们的孩子——SWOT 分析法

我们首先应该了解自己的孩子。在这里，我推荐使用SWOT分析法来了解我们的孩子。

SWOT 分析法是一种广泛应用于商业战略规划的工具，其核心在于评估某一对象的优势（Strengths）、劣势（Weaknesses）、机会（Opportunities）和威胁（Threats）。这种方法同样适用于了解和培养孩子，帮助父母更全面地认识孩子的特质，从而制定更合适的教育策略。

（一）SWOT 分析法的四个维度

1. 优势（Strengths）：识别孩子在哪些领域展现出天然的才

能或兴趣。这可能包括学习能力、艺术天赋、体育才能、人际交往能力等。了解孩子的优势可以帮助父母找到适合孩子的活动，激发其内在潜能。

2. 劣势（Weaknesses）：客观地评估孩子在哪些方面存在困难或挑战。这并不意味着放大缺点，而是为了有针对性地提供支持和改进方案，帮助孩子克服障碍，促进孩子全面发展。

3. 机会（Opportunities）：探索孩子可以利用的外部资源和机会。这可能包括学校的课外活动、社区项目、兴趣小组等，这些机会可以为孩子提供展示才能、学习新技能的平台。

4. 威胁（Threats）：识别可能影响孩子成长的外部因素，如不良的同伴影响、过度的压力、教育资源的匮乏等。了解这些威胁，可以帮助父母采取措施，保护孩子免受不利影响。

（二）如何运用 SWOT 分析法了解孩子

1. 观察与沟通：你可以花时间观察孩子的日常行为，与孩子进行深入的对话，了解他们的喜好、困扰、梦想和恐惧。这有助于收集 SWOT 分析法所需的信息。

2. 记录与分类：将观察到的信息记录下来，按照 SWOT 分析法的四个维度进行分类。可以使用表格或图表的形式，使信息更加清晰直观。

3. 制订行动计划：基于 SWOT 分析的结果，与孩子一起制

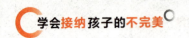

订具体的行动计划。例如，针对优势，可以鼓励孩子上兴趣班或参加相关的比赛；针对劣势，可以寻求专业人士或机构的辅导与支持；针对机会，可以积极寻找并利用外部资源；针对威胁，可以制定预防措施或应对策略。

4. 定期回顾与调整：SWOT 分析是一个动态的过程，随着孩子成长和环境的变化，优势、劣势、机会和威胁也会发生变化。因此，定期回顾 SWOT 分析结果，并根据实际情况调整行动计划，是非常必要的。

通过 SWOT 分析法，父母可以更全面地了解孩子的现状，发现其真正的需求和内在潜力，从而提供更加个性化和有效的教育支持。这种方法不仅有助于孩子在各个领域均衡发展，还能增强亲子之间的沟通和理解，为孩子的健康成长奠定坚实的基础。

下面通过一个例子，让大家更加深入地了解 SWOT 分析法。

小华是一名小学四年级的学生，活泼开朗，偶尔有些冲动。他的父母决定采用 SWOT 分析法来更好地了解小华，以便为他提供更加适宜的成长环境和支持。以下是他们进行 SWOT 分析的具体步骤和发现。

一、优势

1. 小华在数学方面展现出强烈的兴趣和天赋，经常在数学竞赛中获奖。

2.他有很强的领导能力，经常被选为班级活动的组织者。

3.小华在体育方面也很有天赋，尤其擅长短跑和篮球，是校田径队和篮球队的主力成员。

二、劣势

1.小华有时难以控制自己的情绪，尤其是在遇到挫折或挑战时容易急躁。

2.在文学和写作方面，小华表现得相对较弱，对阅读和写作缺乏兴趣。

3.由于过度活跃，小华有时难以集中注意力，在长时段的学习中尤为明显。

三、机会

1.学校即将举办数学奥林匹克竞赛，这是一个让小华展示数学才能的好机会。

2.社区中心有写作工作坊，旨在提高孩子们的写作技能，可以鼓励小华参加，以提升其文学素养。

3.小华可以通过参加校内外的体育赛事，进一步发展其运动才能，并提高团队协作能力。

四、威胁

1. 小华的冲动性格可能会影响他在集体活动中的表现，比如在团队比赛中与其他队员产生摩擦。

2. 过度关注数学和体育可能会导致小华在其他学科上的学习动力减弱，影响整体学业成绩。

3. 外部的诱惑，如电子游戏和社交媒体，可能会分散小华的注意力，影响其学习效率和情绪管理。

二、如何设定目标——遵循 SMART 原则

当我们通过 SWOT 分析方法全面了解了自己的孩子后，需要与孩子一起设定一个目标，设定目标要遵循 SMART 原则。

SMART 原则是一种被广泛采用的目标管理框架，它能够帮助个人或团队设定清晰、可达成且具有指导意义的目标。SMART 原则由五个英文单词的首字母组成，每个字母代表设定目标的一个关键要素。

（一）S——Specific（具体性）

目标应该是具体的、明确的，避免模糊不清。这意味着父母要提供具体的、有针对性的建议，让孩子明白目标应该详细描述想要达到的结果，包括做什么、为什么做、何时完成、在哪里做

以及怎么做。以孩子学习跳绳为例，我们设定的目标不是"提高跳绳成绩"，而是更具体的目标——"在接下来的三个月内，我要通过每天放学后练习，跳到每分钟一百五十个"。

（二）M——Measurable（可衡量性）

目标应该是可衡量的，这样就可以跟踪进度并确定何时完成。这意味着我们需要有明确的、可衡量的指标或标准来评估目标的进度。例如，跟孩子一起商定每月至少读完两本书的目标，而不是笼统的"我打算多读书"。

（三）A——Achievable（可达成性）

目标应该是可达成的，但同时具有一定的挑战性。目标应该是基于现有资源和条件，通过努力可以实现的。这有助于保持动力，避免设定遥不可及的目标而导致挫败感。例如，小明很喜欢打篮球，但投篮命中率不高，作为家长想帮助他提高投篮技巧，直接帮他制定命中率100%或者80%的目标，都不实际；可以观察并记录小明目前的投篮命中率为20%，接下来就跟他一起设定一个具体且可实现的目标——每天练习二十次，命中率提高到25%；达成目标之后，再次将命中率的目标提高到30%。

（四）R——Relevant（相关性）

目标应该与孩子的长期目标或价值观相关联。这意味着目标应该是有意义的，与孩子的长期目标或职业规划相符。例如，孩子偏爱理科，将来想成为科学家，那么设定每天阅读科普读物的目标，就与孩子的梦想规划直接相关。

（五）T——Time-bound（时限性）

目标应该有明确的时间限制。这有助于创造紧迫感，促使孩子采取行动。没有截止日期的目标很容易被推迟。例如，和孩子一起设定在下个月底之前完成一个项目的目标，而不是"我最终会完成它"。

通过应用 SMART 原则，父母可以为孩子设定更具体、可衡量、更实际且更有意义的目标，从而提高孩子实现目标的可能性。这不仅可以帮助孩子保持动力，还可以让父母更清楚地了解孩子实现目标的过程中的进度，方便及时调整策略，以帮助孩子更高效地达成目标。

上文中小华的例子，我们可以利用 SMART 原则为他设定一个清晰的目标。

一、情绪管理和自我控制

S——具体性：提高小华在面对挫折时的情绪调节能力。

M——可衡量性：在接下来的学期中，减少至少 50% 因情绪问题引起的课堂干扰事件。

A——可达成性：通过定期参加学校提供的心理辅导课程和家长的日常引导来实现。

R——相关性：这将帮助小华在集体活动中表现得更好，减少与同学之间的摩擦。

T——时限性：在本学期内实现目标。

二、提升文学素养和写作技能

S——具体性：增加小华的阅读量和写作频率。

M——可衡量性：每周至少阅读一本适合他这个年龄段学生阅读的书，并完成一篇读书报告或创意写作作业。

A——可达成性：通过参加社区中心的写作工作坊和家庭阅读来实现。

R——相关性：这将提高小华的文学素养，平衡其学科发展。

T——时限性：在下个学期开始前养成稳定的阅读和写作习惯。

三、集中注意力和时间管理

S——具体性：改善小华在长时段学习中的专注力。

M——可衡量性：在一个月内，能够在没有外部干扰的情况下，连续学习三十分钟以上。

A——可达成性：使用番茄学习法，每学习二十五分钟后休息五分钟。

R——相关性：这将提高小华的学习效率和整体学业成绩。

T——时限性：在接下来的一个月内实现目标。

四、平衡学科发展

S——具体性：确保小华在数学和体育之外的学科也能保持良好成绩。

M——可衡量性：在下一学期期末，所有科目都能达到优秀。

A——可达成性：制订一个均衡课外活动和学习的时间表，确保各科都有足够的时间复习。

R——相关性：这将防止小华在其他学科上落后，保持全面发展。

T——时限性：在一学期内实现目标。

五、减少外部诱惑的影响

S——具体性：限制电子游戏和社交媒体的使用时间。

M——可衡量性：每天花在电子游戏和社交媒体上的时间不超过一小时。

A——可达成性：通过制定家庭规则和使用家长控制软件来监控孩子使用电子产品的时间。

R——相关性：这将有助于小华更有效地管理时间，避免分心。

T——时限性：立即实施并持续监督执行。

通过以上这些目标，小华的父母可以有针对性地支持他成长，帮助他克服挑战、发挥潜力。

以上就是如何利用 SMART 原则来设定合理的目标。记住，在追求目标的过程中，重要的是享受过程本身，而非仅仅关注结果。这意味着要重视孩子的努力和进步。父母应该成为孩子成长的伙伴，鼓励他们探索、尝试，允许他们失败，然后再试一次。这种"成长心态"不仅能够帮助孩子建立自信，还能培养他们面对挫折的韧性，这些都是通往成功不可或缺的品质。

第四章

教育的新方向：
培养接纳不完美的
成长型孩子

01

认识到成长的重要性：
不断成长比成绩更重要

一、了解成长型思维

在当今社会，随着科技的快速发展和社会竞争的加剧，教育领域面临着前所未有的挑战。传统的教育模式虽然能够在短期内激发孩子的积极性，但从长远来看，却可能限制了他们的创造力和发展潜力。更重要的是，它还可能导致孩子形成固定型思维模式，即认为人的能力和智力是固定的，而非可以通过努力和学习来改变。这不仅对孩子的情感健康造成负面影响，也阻碍了他们成为终身学习者。

我们在前文提到过，完美主义者常常给自己设定过高的标准，在达不到这些标准时会感到极度沮丧。这种心态在儿童中尤其危险，因为他们正处于性格形成的阶段，过度的压力可能导致焦虑、抑郁等心理问题，并影响其社交技能的发展。此外，对于完美主义者来说，失败被视为是不可接受的，这使得他们在面对挫折时缺乏必要的应对能力。

与固定型思维模式相对应的是成长型思维模式，它鼓励个体相信通过持续的努力和个人发展，能力是可以被提升的。这种思维模式能够帮助孩子建立更积极的自我形象，学会从错误中吸取教训，并且更加享受学习的过程。拥有成长型思维的孩子更倾向于拥抱挑战，坚持不懈地解决问题，并能从失败中走出来。拥有成长型思维的孩子，会从以下不同的角度看问题。

（一）拥抱挑战

拥有成长型思维的孩子会主动寻找新的挑战，即使这意味着可能会失败。他们明白，只有通过不断尝试新事物，才能真正学到东西。

小山平时喜欢数学，但对写作不太感兴趣。当他得知学校要举办写作比赛时，他并没有因为自己不擅长写作就放弃，而是决定参加这次比赛。因为他知道，这是一个提高自己写作能力的好机会。于是，他开始阅读更多的书，练习写作，并向老师寻求建议。最终，小山虽然没有赢得比赛，但他对自己的进步感到非常满意。

（二）从失败中学习

拥有成长型思维的孩子会把失败看作成长的机会，他们不会因为一次失败就放弃，反而会从中寻找原因，以便下次做得更好。

小红在数学考试中没有发挥好，她并没有因此而沮丧或放弃，相反，她主动找老师询问哪些题目做错了，并请求帮助。通过老师的指导和自己的努力，她在下一次考试中取得了更好的成绩。

（三）享受学习过程

拥有成长型思维的孩子看重学习过程本身，而不仅仅是结果。他们喜欢探索新知识，乐于参与各种活动，即使有时候这些活动并不容易。

小华参加了学校的科学俱乐部，尽管他对科学了解不多，但他对探索未知世界充满好奇。在俱乐部活动中，他积极参与实验，尽管有些实验失败了，但他总是带着好奇心去了解为什么会失败，以及如何改进。

（四）坚持不懈

拥有成长型思维的孩子在遇到难题时不轻易放弃，他们会不断地尝试不同的方法，直到找到解决问题的办法。

小刚在解决一道复杂的数学题时遇到了困难，他没有选择放弃，而是尝试了多种解题方法，并向同学请教。经过反复的尝试，他终于找到了正确的解题方法。

二、如何培养孩子的成长型思维

由此可见，成长型思维对于孩子的全面发展至关重要。它不仅能够帮助孩子建立积极的自我形象，还能让他们学会从错误中汲取教训，并享受整个学习过程。作为父母，我们可以通过以下几个方面来帮助孩子培养成长型思维。

（一）表扬努力而非结果

当我们的孩子在某项任务上投入了大量的时间和精力时，我们应该着重表扬他们的努力过程，而不是最终的结果。这种做法可以让孩子意识到努力本身就是有价值的，无论结果如何。

比如，我们的孩子正在练习弹奏一首钢琴曲目，即使他还没有完全掌握这首曲子，我们也应该表扬他的努力："我注意到你每天都在练习这首曲子，你的坚持让我很感动。"

（二）提供挑战性任务

我们可以鼓励孩子尝试新的、具有挑战性的活动或项目，尤其是那些他们可能不太擅长的领域的活动或项目。这样做可以帮助孩子学会如何面对困难，从而促进他们的个人成长。

比如，我们的孩子比较内向，我们可以鼓励他们参加演讲俱乐部或者戏剧表演小组。即使刚开始他们可能觉得非常困难，但随着时间的推移，他们会逐渐变得更加自信。

（三）讨论失败的意义

当孩子遇到挫折时，我们可以与他们一起分析失败的原因，并讨论如何在未来避免同样的错误发生。这样做可以让孩子理解失败是成长的一部分，并且从失败中学习是非常重要的。

比如，我们的孩子在一次数学考试中得分不高，我们不要批评他们，而是与他们一起找出错在哪里，并制订一个学习计划来弥补不足："这次测验没考好没关系，我们一起看看哪些地方需要加强，下次一定能做得更好。"

（四）树立积极的榜样

我们可以通过自己的行为为孩子树立一个好榜样，向他们展示我们是如何面对挑战、克服困难，并从失败中恢复过来的。孩子往往会模仿大人的行为，所以我们的示范作用非常重要。

比如，你在工作中遇到了一个难题，那么你就可以与孩子分享你是如何思考这个问题的，以及你是怎样一步步找到解决方案的："我在工作中遇到了一个问题，开始时我很困惑，但后来我仔细思考，查阅了一些资料，最终找到了解决办法。"

通过以上这些方法，我们可以有效地帮助孩子建立成长型思维模式，让他们在面对未来的挑战时更加自信和坚忍。记住，关键在于鼓励孩子将每一次经历都视为学习的机会，无论是成功还是失败，都是成长道路上宝贵的财富。

要知道，教育的目标不仅仅是传授知识，更重要的是培养孩子具备适应未来世界的能力。通过从追求完美主义转向培养孩子的成长型思维，我们不仅可以减轻孩子的压力，还能帮助他们建立更加积极的自我形象，让他们学会从错误中学习，并享受整个学习过程。

02

发现孩子的独特性，
认识到个性化学习的价值

　　不完美是普遍存在的现象，在孩子身上则体现为各种形式，如生理缺陷、性格弱点、知识局限等。这种不完美性使得每个孩子都呈现出独特的面貌，因为每个孩子的不完美之处都是独一无二的，每个孩子在生理、心理、社会等多个方面存在差异，这些差异使得每个孩子在认知、情感、行为等方面都有独特的表现。而顺应这种认知的教育，则应该是面向个体的教育，应尊重和保护每个孩子的个性，帮助孩子认识独一无二的自己。最终，让孩子通过个性化学习，充分发挥潜能，实现自我价值。

　　个性化学习是一种新型教育理念，它强调根据每个学习者的独特需求、兴趣、能力和学习风格来定制教学方法。这一教育理念的历史可以追溯到二十世纪初的教育改革家约翰·杜威。

　　杜威是二十世纪初美国著名的哲学家、心理学家和教育改革家。他提倡以学生为中心的教育方法，强调学习应当基于学生的兴趣和经验。杜威的理论为个性化学习奠定了基础。他认为，教育应该是生活的延续，应该与学生的实际经验和兴趣相联系。杜威强调了实践活动的重要性，主张通过"做中学（learning by doing）"的方式来促进学生的主动学习。

　　传统的教育体系往往采用"一刀切"的教学方法，试图让所有学生在同一套课程设置、教学进度和评估标准下达到相同的学习成果。然而，每个学生都是独一无二的，他们有着不同的兴趣、能力、学习风格和节奏。这种标准化的教育模式忽视了个体差异，往往导致部分学生无法发挥出最佳水平，甚至产生挫败感和厌学情绪。

　　个性化学习有以下六大核心要素。

　　1. 识别兴趣：了解每个孩子真正感兴趣的事物，并将这些兴趣融入学习活动中。比如，一个孩子对天文学感兴趣，那么就可以通过天文主题的项目来教授孩子数学和科学。

　　2. 适应学习风格：认识到不同的孩子有不同的学习偏好（如视觉型、听觉型或动觉型），并根据这些偏好来设计教学活动。

　　3. 设定个性化目标：根据每个孩子的起点和发展水平，设定符合其实际情况的学习目标。

4. 提供多样性资源：利用多样化的学习材料和技术工具来满足不同学生的需求。

5. 鼓励自我驱动学习：培养孩子的自主学习能力，让他们成为学习过程中的主动参与者。

6. 营造支持性环境：营造积极、包容的学习氛围，鼓励孩子表达自己，并从错误中学习。

那么，作为父母，我们要怎样帮助孩子实施个性化学习呢？

一、观察和倾听

1. 观察：我们要留意孩子日常生活中的兴趣爱好和行为模式。比如，他们是否喜欢画画、阅读、编程或是户外探险？

2. 倾听：我们可以与孩子交谈，了解他们对学习的感受和想法。问他们喜欢什么样的活动，以及他们想要探索哪些领域。

3. 鼓励表达：我们要鼓励孩子表达自己的想法和愿望，让他们知道他们的声音很重要。

二、提供多样化的学习机会

1. 根据兴趣提供学习材料和资源：我们可以根据孩子的兴趣为他们提供合适的书、杂志等学习材料。利用在线教育平台、教育软件和应用程序等资源来丰富孩子的学习体验。

2. 提供探索实践机会：我们可以为孩子提供参加兴趣班、工作坊或实地考察的机会，比如参观科学博物馆、艺术展览或参加户外探索活动。

三、设定合理的学习目标

1. 共同设定目标：我们可以与孩子一起设定短期和长期的学习目标，确保这些目标既具有挑战性又可实现。

2. 定期检查进展：我们可以定期与孩子一起回顾实现学习目标的进展，并根据需要进行调整。

3. 庆祝成就：当我们的孩子达成某项学习目标时，我们可以及时给予他们肯定和奖励，以增强他们的成就感。

四、鼓励自我驱动学习

1. 培养责任感：我们要教会孩子如何管理自己的学习时间和任务，逐步培养他们的自律能力。

2. 提供资源：我们要为孩子提供充足的学习资源，如图书、在线课程和应用程序等，以支持他们自主学习。

3. 鼓励提问：我们要鼓励孩子提出问题，用这种方式来培养他们的好奇心和探究精神。

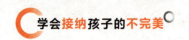

4.制订计划：我们可以与孩子一起制订学习计划，并监督执行情况，以确保他们能够按计划进行。

五、提供支持和反馈

1.积极反馈：我们要及时给予孩子积极的反馈，表扬他们的努力而非结果，帮助他们建立自信。

2.共同学习：我们要与孩子一起学习新知识或技能，通过共同的经历加深亲子关系。

3.保持沟通：我们可以与孩子保持开放的沟通渠道，了解他们的感受和需求，及时调整教育策略。

4.适时指导：我们要在孩子遇到困难时提供适当的指导和支持，帮助他们克服挑战。

通过上述策略，我们可以在家中创造一个有利于个性化学习的环境，帮助孩子充分发挥自己的潜能，并为未来发展做好准备。个性化学习不仅能够帮助孩子在学业上取得成功，更重要的是能够帮助他们建立积极的自我形象，培养解决问题的能力和养成终身学习的习惯。

应用动机理论，
培养孩子的自主学习能力

在快速变化的世界中，自主学习已成为一种不可或缺的能力。它不仅仅是一种获取知识的方式，更是一种构建个人成长路径的方法。本小节将探讨自主学习的重要性，并重点讨论如何在失败的经历中寻找成功的可能性。

自主学习是指学习者主动、有目的地进行学习的一种学习方式，它强调的是个人的责任感、自我驱动力和自我管理能力。在这种学习方式下，学习者会根据自己的兴趣、需求和目标来规划学习内容和学习进度，而不是依赖于教师的指导或课程安排。自主学习有助于培养学习者的批判性思维、解决问题的能力以及终身学习的习惯。

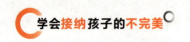

自主学习的核心特征包括以下几个方面。

1. 自我驱动：学习者基于内在的兴趣和动机来选择学习的内容。

2. 目标导向：学习者为自己设定具体的目标，并努力实现这些目标。

3. 自我监控：学习者对自己的学习进度和学习成效进行监控，并根据需要调整学习策略。

4. 自我评价：学习者通过反思和自我评估来确定学习成果，并识别需要进一步改进的地方。

自主学习的价值在于它能够帮助孩子培养独立思考的能力，通过自我探索，孩子学会如何独立思考并解决问题；同时，它还能提高孩子解决问题的能力，使他们在面对挑战时能够创造性地寻找解决方案；此外，自主学习还能增强孩子的适应能力，让他们在不断变化的环境中保持灵活性和开放性；最后，通过自主学习取得的进步和成就还能极大地增强孩子的自信心。

一、如何培养孩子自主学习的能力

（一）提供丰富的学习资源

1. 阅读材料：为孩子准备各种类型的书，包括科普书、小说、历史书等，鼓励他们广泛阅读。

2. 在线资源：引导孩子合理利用互联网上的教育资源，比如教育网站、在线课程和学习应用程序。

3. 工具和设备：为孩子提供必要的学习工具，如笔记本电脑、平板电脑等，以便孩子可以随时随地学习。

（二）鼓励孩子提问和探索

1. 培养好奇心：鼓励孩子提出问题，并引导他们通过阅读、实验或其他方式寻找答案。

2. 探索性学习：鼓励孩子进行探索性学习，比如通过实地考察、科学实验或艺术创作来探索新知。

3. 批判性思维：教导孩子如何批判性地思考问题，培养他们分析问题和解决问题的能力。

（三）设定目标和制订计划

1. 共同设定目标：与孩子一起设定短期和长期的学习目标，这些目标应该是具体的、可达成的。

2. 制订学习计划：帮助孩子制订实现这些目标的具体计划，包括每日、每周的学习任务。

3. 跟踪进度：定期检查进度，确保孩子按照计划前进，并根据实际情况调整计划。

（四）鼓励反思和总结

1. 定期回顾：与孩子定期回顾他们的学习过程，讨论哪些方法有效，哪些需要改进。

2. 总结经验：鼓励孩子写下学习心得或学习日志，总结自己的学习经验和教训。

3. 设定反思时间：为孩子设定专门的时间用于反思，比如每周设定一次"反思日"。

（五）培养解决问题的能力

1. 实践活动：通过实践活动，比如科学实验、拼图游戏等，让孩子亲自动手解决问题。

2. 游戏化学习：利用教育游戏来培养孩子解决问题的能力，这些游戏通常涉及逻辑推理和策略规划。

3. 模拟情境：创造模拟的情境，让孩子在安全的环境中练习应对真实世界的问题。

（六）提供指导和支持

1. 适时介入：在孩子遇到难题时提供必要的指导，而不是立即给出答案。

2. 鼓励独立思考：鼓励孩子先尝试自己解决问题，然后家长再提供帮助。

3. 情感支持：为孩子提供情感支持，让他们知道遇到挫折是正常的，家长会永远支持他们。

（七）示范自主学习的行为

1. 终身学习态度：家长应该展现出终身学习的态度，为孩子树立榜样，比如参加培训课程或自学新技能。

2. 分享学习经历：与孩子分享自己的学习经历，比如如何克服学习障碍，如何从失败中学习。

3. 共同学习：与孩子一起学习新知识或技能，比如一起学习一门新的编程语言或一种乐器。

二、如何帮孩子从失败中汲取经验教训

通过实施上述策略，家长可以帮助孩子养成自主学习的习惯，这将对他们的一生产生积极的影响。自主学习不仅能增强孩子独立思考的能力，还能提高他们解决问题的能力，增强他们的适应能力和帮助他们建立自信。而这些能力对于孩子在学校的表现以及未来的职业发展都是非常宝贵的。

我们需要注意的是，自主学习的过程虽然充满了探索的乐趣和新奇的发现，但也伴随着错误和失败。这些经历对孩子来说既是宝贵的学习机会也是挑战。作为家长，我们的任务是教会孩子如何看待失败，并从中汲取力量和智慧。以下是一些具体的建议，帮助孩子学会从失败中汲取经验教训，并将其转化为成功的动力。

（一）正确看待失败

1. 理解失败的意义：首先要让孩子明白，失败是成功路上不可或缺的一部分，每个人都会经历失败，即使是成功人士也不例外，重要的是要从每次失败中汲取经验教训，并继续前进。

2. 区分失败与价值：重要的是要让孩子理解，失败并不代表他们本身没有价值，而是某个特定的任务或尝试没有达到预期的结果。

3. 教孩子分析失败的原因：引导孩子反思失败的原因，包括外部条件和个人行为。询问孩子："为什么会发生这种情况？我们能从中学到什么？"

（二）培养积极的心态

1. 积极的语言：使用积极的语言来谈论失败，比如"这次没成功没关系，我们下次可以做得更好"。

2. 树立榜样：家长可以通过分享自己的失败经历来展示如何积极面对失败，为孩子树立正面的榜样。

（三）反思与学习

1. 反思过程：鼓励孩子在失败后反思整个过程，找出哪些地方做得好，哪些地方需要改进。

2. 制定新策略：帮助孩子根据反思的结果制定新的学习策略，为下一次尝试做好准备。

（四）设置合理的期望

1. 合理的目标：与孩子一起设定切实可行的目标，避免过高的期望造成不必要的压力。

2. 分步骤实现：将大目标分解为一系列小步骤，每完成一小步都是一次胜利。

（五）探索替代方案

1. 灵活思维：鼓励孩子思考不同的解决方案，尝试通过不同的途径来达成目标。

2. 创造性思考：激发孩子的创造性思维，鼓励他们跳出常规思维模式，寻找新的解决方案。

（六）维持支持性的环境

1. 情感支持：给予孩子情感上的支持，让他们知道，无论成败，都有家人的爱与支持。

2. 耐心陪伴：在孩子面临挑战时，家长需要耐心陪伴，帮助他们渡过难关。

（七）培养韧性

1. 培养韧性：通过日常生活中的小挑战，逐步培养孩子的心理韧性，使他们在遇到更大挑战时能够更加坚忍不拔。

2. 正面回馈：在孩子经历失败时，家长提供正面的反馈和建议，帮助他们重建信心。

（八）鼓励再次尝试

1. 给予孩子足够的支持和鼓励，让他们有信心再次尝试。

2. 强调坚持不懈的重要性，并提醒孩子，每个人在成功的道路上都会遇到挫折。

通过实施上述策略，家长可以帮助孩子学会如何在失败中寻找成功，培养他们面对挑战时的韧性和积极心态。这样不仅能够增强孩子的自尊心，还能够让他们在未来的人生道路上更加坚强和自信。

实践出真知：
情境与体验式学习的重要性

　　情境学习与体验式学习是将学习内容融入具体情境中的学习方法，它强调通过亲身体验来学习和理解知识。如在当今社会，研学活动已成为孩子们成长道路上不可或缺的一部分。研学旅行，也称为"研究性学习旅行"或者"游学"，是一种结合了旅游和教育的学习方式，旨在让孩子们通过实地考察和体验式学习，增强对所学知识的理解和提高应用知识的能力。研学旅行通常由学校组织，也可以是家庭自行安排的活动。

　　无论是走进自然、参观博物馆，还是参与各种实践活动，研学活动不仅丰富了孩子们的课外生活，更为孩子们提供了一个将所学知识应用于实际的机会，让孩子们能够在实践中学习与成长。

研学活动通过将孩子们带到现实世界的不同环境中，让他们亲身体验和探索，从而深化对知识的理解和掌握。走进自然可以让孩子们近距离观察动植物，感受生态环境的重要性；参观博物馆能让孩子们更直观地了解历史文物背后的故事，体会文化的魅力；参与实践活动能够培养孩子们的实践能力和创新能力。这些体验不仅有助于孩子们将理论知识与实际应用相结合，还能激发他们的好奇心和探索精神，培养他们成为具备创新思维和实践能力的人才。

研学活动类的体验式学习是一种强调实践和参与的学习方式，它倡导通过亲身体验来获取知识和技能。与传统的课堂教学相比，它有以下几个显著的优点。

1. 加深理解：通过亲身经历，孩子们能够更深刻地理解抽象的概念和原理，而不是仅仅停留在表面记忆层面。

2. 提高兴趣：实践活动往往更具趣味性，能够激发孩子们的学习兴趣，使他们更加主动地参与到学习过程中。

3. 增强记忆：研究表明，人们通过实践获得的经验更容易被记住，这对于长期记忆的形成非常重要。

4. 培养解决问题的能力：在实践中遇到问题并寻求解决办法，能够锻炼孩子们的批判性思维和解决问题的能力。

5. 提升社交技能：许多体验式学习活动需要团队合作，这有助于孩子们学会沟通和协作。

6. 促进全面发展：体验式学习不仅局限于知识的学习，还包括情感、社交和道德等多个方面的发展。

事实上，孩子学习知识不仅仅是为了提高学习成绩，更重要的是为了在将来的工作和生活中能够学以致用。体验式学习正是一种把"学"与"用"紧密结合起来的有效方式。通过参与各种实践活动，孩子们能够在真实的场景中应用所学知识，从而更好地理解和掌握这些知识。

在家庭环境中，父母也可以成为孩子最好的老师，通过创设各种情境和实践活动，帮助孩子在实践中学习与成长。以下是一些建议，帮助父母开展情境教学和体验式学习。

一、创设主题情境

1. 日常生活情境：将日常生活中的情境转化为学习的机会。比如，购物时让孩子计算价格，做饭时教授孩子简单的化学反应，等等。

2. 角色扮演：通过角色扮演来模拟不同的职业或生活场景，比如医生、厨师、科学家等，让孩子在游戏中学习相关知识。

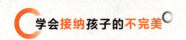

二、利用自然资源

1.户外探索：带孩子去公园、森林或海滩，观察动植物，收集标本，让孩子在自然环境中学习生态知识。

2.季节性活动：根据不同季节的特点安排活动，如春季种植花卉，夏季观察星空，秋季采摘果实，冬季制作雪人，等等。

三、动手实践项目

1.手工制作：鼓励孩子制作手工艺品，如折纸、编织、陶艺等，这些活动不仅能锻炼孩子的动手能力，还能培养他们的创造力。

2.科学实验：在家做一些简单的科学实验，比如水循环实验、植物生长实验等，让孩子通过观察和实践学习科学原理。

3.家庭烹饪：与孩子一起做饭，教他们基本的烹饪技巧，同时也教授他们营养学的相关知识。

4.家庭维修：修理家具或家电时，让孩子参与进来，教他们基本的维修知识和技术。

四、社会活动

1.志愿服务：鼓励孩子参与社区服务活动，如帮助老人、清洁公园等，培养他们的社会责任感。

2. 文化体验：带孩子参观当地的博物馆、艺术展览或参与文化节日活动，让他们了解不同的文化和历史。

五、创作活动

1. 故事创作：与孩子一起编写故事或剧本，并在家里表演出来，通过这种方式培养孩子的语言表达能力和想象力。

2. 音乐与艺术：鼓励孩子学习乐器、绘画或雕塑等艺术形式，通过创作表达自己的情感和想法。

六、亲子共读

1. 主题阅读：选择与某个主题相关的书，比如环保、探险等主题，与孩子一起阅读，并讨论书中的内容。

2. 互动式阅读：在阅读过程中加入提问、预测等互动环节，让阅读变得更加有趣。

七、制订学习计划

1. 设定目标：与孩子一起制定学习目标，并将其与具体的活动相结合，比如学习某种乐器或掌握一项新技能。

2. 跟踪进度：定期回顾学习进展，调整计划，确保孩子能够持续进步。

通过上述方法，家长可以为孩子创设丰富多样的学习情境，让孩子在实践中学习与成长。这样的学习方式不仅能够提高孩子的学习兴趣，还能培养他们独立思考的能力和解决问题的能力，为他们的未来发展打下坚实的基础。

家校合作：共同创造积极的学习环境

在当今社会，学校和家庭都面临着一个共同的挑战：如何共同构建接纳不完美的文化氛围，让每个孩子都能在一个健康、包容的环境中成长。以成绩为中心的教育模式不仅会给孩子带来巨大的压力，还会限制他们的全面发展和个人潜能的发挥。因此，家校合作变得尤为重要，需要双方携手合作，共同为孩子营造一个更加平衡和健康的成长环境。

接纳不完美的文化意味着承认每个人都有自己的长处和不足，每个人都值得被尊重和爱护。在这种文化氛围中，孩子能够更加自由地表达自己，敢于尝试新事物，即便失败也不会收到过多的负面评价。家校合作是构建这种文化氛围的基石之一。

一、家长的角色

1. 树立正确的价值观：家长应当树立正确的价值观，认识到成绩不是衡量孩子价值的唯一标准。通过与孩子进行深入的对话，帮助他们理解每个人都有不同的才能和发展路径。

2. 鼓励多样性：鼓励孩子探索不同的兴趣爱好和发展方向，家长可以通过提供多样化的学习资源和支持孩子的兴趣活动来实现这一点。

3. 积极参与学校活动：家长应积极参与学校的各项活动，与教师保持密切联系，了解孩子在学校的表现，并及时沟通孩子的进步和面临的挑战。

二、学校的角色

1. 多元化评价体系：学校应该建立多元化的评价体系，这个评价体系不仅包括考试成绩，还应该包括学生的品德表现、社会实践能力、创新思维等方面。

2. 提供全面发展的平台：学校应该提供一个全面发展的平台，鼓励学生参与各种课外活动和社会实践，如社团活动、志愿者服务等，这些活动有助于培养学生的综合素质。

3. 心理健康教育：加强对学生的心理健康教育，帮助他们建立积极的自我形象，学会正确面对失败和挫折，培养韧性。

4.家校沟通：建立有效的家校沟通机制，定期举办家长会和开放日活动，增进家长对学校教育理念的理解和支持。

三、共同努力

1.共享资源：学校可以与家长共享教育资源，如推荐有益的书籍、在线课程等，帮助孩子在课余时间继续学习。

2.联合活动：组织家校联合活动，如亲子运动会、亲子阅读会等，增进家长与孩子之间的互动，同时也让家长更加了解学校的教育理念。

3.培养责任感：通过家校合作，共同培养孩子的责任感，让他们学会对自己的行为负责，并学会为自己的决定承担后果。

构建一种接纳不完美的文化氛围需要学校、家庭乃至整个社会的共同努力。通过家校合作，我们可以为孩子营造一个更加健康、包容的成长环境，让他们在各个方面都能得到充分的发展。这样的环境不仅能够减轻孩子的压力，还能激发他们的潜能，帮助他们成长为自信、有责任感的社会成员。

第五章

情感与社交：
接纳不完美的
自己与他人

01

培养孩子进行情绪管理：
认识和接受自己的情感

作为父母，我们对孩子寄予了无限的爱与期望，当面对孩子的不完美时，我们可能会经历一系列复杂的情绪反应——失望、焦虑，甚至是自我责备。这些情绪的出现是正常的，但关键在于我们如何理解和接纳这些情绪，以及如何有效地调整情绪，以便为孩子提供一个具备支持和理解的环境。

一、理解情绪的来源

我们需要知道，我们的情绪往往源于我们对事件的解释，而非事件本身。当我们对孩子的行为或成绩感到失望时，通常反映了我们内心深处对孩子的期望与现实之间的差距。理解这一点有助于我们更全面地看待问题，而不是简单地将失望感归咎于孩子。

二、接纳自己的情绪

接纳自己的情绪，意味着我们需要承认并接受这些感受的存在，而不是试图压抑或逃避它们。当我们感到难过或失望时，告诉自己："这是正常的，我有权感受这些情绪。"通过这种方式，我们能够避免自我批判，为情绪提供一个安全的出口。

三、调整情绪的策略

1. 自我反思：花时间思考是什么触发了我们的情绪，以及产生这些情绪的原因。这有助于我们更清楚地理解自己的期望和恐惧，从而找到更健康的方式来处理它们。

2. 情绪命名：给自己的情绪命名，比如"我现在感到失望"，这有助于我们与情绪保持一定的距离，而不是被它们淹没。

3. 深呼吸和冥想：练习深呼吸或冥想可以帮助我们平静下来，降低情绪的强度。这些技巧有助于我们在情绪高涨时保持冷静，做出更理性的反应。

4. 寻求支持：与配偶、朋友或专业人士分享我们的感受。有时候，仅仅是说出来，就能大大减轻内心的负担。

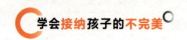

5. 专注于解决方案：一旦感到更加平静，我们要尝试专注于找到解决问题的方法，而不是纠结于问题本身。这可能意味着我们要调整对孩子的期望，或者寻找新的方式来支持他们。

四、引导孩子面对自己的不完美

在调整好自己的情绪后，父母可以成为孩子面对不完美时的引导者。通过自己的行为，我们可以教给孩子如何处理失望，如何从错误中学习，以及如何以积极的态度面对生活的挑战。这不仅能够增强孩子的韧性，还能够加深家庭成员之间的理解和连接。

理解和接纳因孩子不完美而产生的负面情绪，是父母情绪智能的重要组成部分。通过实践上述策略，我们可以更好地管理自己的情绪，为孩子营造一个充满爱、支持和理解的成长环境。在这个过程中，我们不仅能够帮助孩子成长为更加自信和有韧性的个体，还能够促进家庭的和谐与幸福。

02

培养孩子的同理心：
理解他人的内心世界

　　在某个阳光明媚的周末，一位妈妈决定带她的孩子去爬山，目的是让孩子学会坚持。在她看来，孩子平时太过懒散，需要通过吃苦来培养毅力。然而，事情的发展却出乎她的预料。孩子不仅轻松爬到了山顶，还在那里足足等了两个小时才等到筋疲力尽的妈妈蹒跚而至。在爬山的过程中，妈妈在放弃和坚持之间挣扎，好不容易到达了山顶，事先准备好教育孩子的说辞此刻已经无法说出口。而没想到的是，孩子却来安慰妈妈："妈妈，你可真厉害，我本来还以为你上不来了呢！没想到你这么有毅力呢！"这一刻，妈妈被深深触动，她意识到，坚持远比她想象中更加艰难。

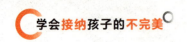

平时对孩子脱口而出的"要坚持"，并没有那么容易。这次经历让她第一次从孩子的视角看问题，体会到了同理心的力量。

同理心，是一种能够站在他人立场理解和感受其情感的能力。它不仅仅是同情，更是一种深层次的连接，能够帮助我们跨越自我中心的界限，真正地看到和理解他人。从心理学角度来看，同理心对建立健康的人际关系至关重要，它能够增加亲密感，减少误解和冲突，促进合作与和谐。

当父母面对孩子的不完美时，往往会感到困惑和挫败，尤其是当他们投入了大量的时间和精力，却发现孩子并没有按照预期的方向成长时，往往会觉得不可理解，不明白为什么自己的付出没有回报，不明白为什么孩子会成长成这个样子。这种时候，同理心将会是一座桥梁，帮助父母跨越理解的鸿沟。

在评判孩子之前，父母不妨先进行自我反省：我们是否完美无缺？我们是否活成了自己理想中的样子？这些问题促使我们意识到，每个人都有自己的局限，没有人能够完全掌控自己的人生轨迹。当我们能够诚实地面对自己的不完美时，便更容易理解孩子的处境，从而产生同理心。

以下是几个能够以同理心去理解孩子的方法，希望对大家有所帮助。

1.倾听与观察：花时间倾听孩子的想法和感受，观察他们行为背后的原因，而不是急于评判或纠正。

2.设身处地：尝试从孩子的角度思考问题，想象如果自己处于相同情境下会有什么感受，这有助于理解孩子的行为和情绪。

3.表达理解：向孩子表达你的理解和支持，即使你不同意他们的行为，也可以让他们知道你理解他们的感受。

4.共同成长：将自己视为与孩子一起成长的伙伴，而不是权威的裁判。在面对挑战时，与孩子一起寻找解决方案，共同学习和进步。

同理心不仅能够帮助父母与孩子建立更深层次的连接，还能促进家庭成员之间的相互理解与支持。在面对孩子的不完美时，父母若能具有同理心，便能够更加耐心和理性地引导孩子，帮助他们成长为自信、独立和有爱心的人。在这个过程中，父母也将收获自我成长的喜悦，最终实现家庭的和谐与幸福。通过培养同理心，我们不仅能够理解孩子，更能与他们共同创造出一个充满爱与理解的世界。

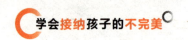

03

培养孩子自我认同：
欣赏自己的不完美

　　在当今社会，父母常常寄希望于自己的孩子能够成为"牛娃"，在各个领域脱颖而出。然而，现实情况却是大多数孩子是普普通通的，没有显著的优势或特长。作为父母，我们首先需要做的就是接受这个事实——我们的孩子可能就是一个"普娃"。

　　接纳的第一步是认识自我。我们必须明白，每个人都有自己的长处和短处，孩子也不例外。如果我们总是期望孩子达到某些不切实际的标准，那么不仅会给孩子带来巨大的压力，也会让我们自己陷入无尽的焦虑之中。因此，我们需要调整心态，学会欣赏孩子的独特之处，而不是盲目地追求卓越。

　　接纳的第二步是转变价值观。现在社会上普遍存在着一种观念，即只有那些在学业或才艺上有出色表现的孩子才是优秀的孩子。但实际上，每个孩子都有其不可替代的价值。父母应该鼓励孩子发展自己的兴趣爱好，而不是强迫他们去追求那些看似光鲜的职业或成就。同样，无论是"牛娃"还是"普娃"，人生的目的都是幸福和快乐。通过这种方式，我们可以帮助孩子建立起健康的自我认知，让他们明白，即使是一个普通的个体也有着独特的价值。

我们学会了如何接纳孩子的普通后，接下来就需要教导孩子如何接纳自己。这是一项长期的任务，也是至关重要的一步。

那么，我们要如何做呢？

一、培养孩子的自信心

孩子往往会对自己的普通状态感到不安，担心无法获得认可或赞赏。父母可以通过日常的互动来增强孩子的自信心，比如表扬孩子的努力而非结果，让孩子意识到过程中的学习和成长比最终的成绩更为重要。

二、强调努力的重要性

即使孩子在某个领域不是最出色的，但只要他们付出了努力，就应该给予充分的认可。父母可以通过分享自己的经历来激励孩子，讲述自己是如何通过不懈的努力克服困难的。这样可以让孩子明白，虽然天赋很重要，但努力和坚持同样不可或缺。

三、营造积极的家庭氛围

在家庭中营造一个充满爱和支持的环境，让孩子感受到无论发生什么，父母都会无条件地爱他们。通过这种方式，孩子会更容易接受真实的自己，而不会因为一时的失败而感到沮丧或自卑。

四、鼓励孩子发现自己的兴趣

每个人都有自己独特的兴趣。父母应该鼓励孩子探索自己的兴趣爱好，并提供必要的支持。当孩子能够在自己热爱的事情上投入时间和精力时，他们会发现自己有着与众不同的能力和价值。

通过上述方法，我们不仅可以帮助孩子建立起正确的自我认知，还能让他们学会如何在平凡中寻找快乐和满足。在这个过程中，父母的角色至关重要，我们需要成为孩子的榜样，展示如何接纳真实的自己，从而引导他们走向更加健康和自信的人生道路。

04

构建和谐家庭：建立健康的亲子关系

有一个母亲在网上发帖求助，称自己的女儿生活和学习习惯都很糟糕，自己实在无法教育她。然而，令人惊讶的是，这个被母亲认为"糟透了"的女儿竟然考上了著名高校。尽管如此，这个母亲仍然觉得女儿有许多需要改进的地方，尤其是她发现女儿并不愿意听从她的建议。更让她烦恼的是，每当她试图通过偷看女儿的日记来了解女儿的想法时，母女之间的关系就变得更加紧张。她向网友求助，但网友们指责她过度干涉女儿的生活，缺乏边界感。

这个案例提醒我们，作为父母，我们常常希望孩子能够变得更好，但有时候我们的方法可能会适得其反。有效的沟通是建立健康亲子关系的关键。父母需要学会倾听孩子的想法和感受，而不是单方面地将自己的观点强加给孩子。当孩子不愿意分享自己的想法时，父母不应该强行介入，而是要耐心等待，给予孩子足够的空间和时间去表达自己。

在亲子关系中，设定适当的边界是非常重要的。这意味着父母要尊重孩子的隐私和个人空间，避免过度干涉孩子的个人事务。例如，偷看孩子的日记或未经允许查看孩子的手机等行为，虽然出于关心，但往往会破坏亲子之间的信任，导致亲子关系疏远。相反，父母应该通过开放式的对话来了解孩子的情况，鼓励孩子主动分享自己的想法和感受。

每个孩子都有自己的特点和不足之处。父母需要学会接受孩子的不完美，并从中看到成长的机会。当父母能够放下对孩子的过高期望，转而支持孩子的个性发展时，孩子会更有自信去探索世界，尝试新事物。正如案例中那个母亲的女儿一样，即使在母亲看来她存在许多缺点，但她在自己的道路上取得了成功，这说明每个孩子都有自己的潜力和闪光点，关键在于父母能否发现并支持这些闪光点。

为了建立和谐而有边界感的亲子关系，父母应该如何做呢？

一、尊重孩子的隐私

1. 避免侵犯隐私：不要未经同意就察看孩子的日记、手机或社交媒体账户。

2. 解释原因：如果确实需要了解孩子的情况，应该通过直接的沟通方式而非侵犯隐私的方式。

3. 建立信任：通过坦诚的交流建立互信，让孩子愿意主动分享自己的事情。

二、鼓励开放沟通

1. 学会倾听：给予孩子足够的时间和空间来表达自己的想法和感受。

2. 积极反馈：用鼓励和支持的态度回应孩子的分享，避免批评或否定孩子。

3. 定期谈话：设立固定的家庭时光，如每周一次的家庭会议，讨论各自的感受和计划。

三、设定清晰的界限

1. 明确规则：与孩子一起制定家庭规则，确保双方都明白并同意这些规则。

2. 一致执行：规则一旦确立，就要一致地执行，避免双重标准。

3. 适时调整：随着孩子年龄的增长和逐渐成熟，适时调整规则和界限。

四、接纳孩子的不完美

1. 认可努力：表扬孩子的努力和进步，而非仅仅关注结果。

2. 鼓励自我探索：支持孩子探索自己的兴趣和潜能，即使这些兴趣看起来可能不那么"主流"。

3. 接受差异：理解每个孩子都是独特的，不需要与他人比较。

五、以身作则

1. 自我反省：反思自己的行为和态度，确保自己的言行一致。

2. 展现情绪管理：通过自己的行为示范如何正确地处理情绪和冲突。

3. 积极示范：展示在面对挑战时如何保持积极乐观的态度。

六、共同参与活动

1. 共享兴趣：找到共同的兴趣点，一起参与活动，增进亲子间的联系。

2.庆祝成就：无论是小成就还是大成就，都应该一起庆祝，增强家庭凝聚力。

3.解决问题：当遇到困难时，一起探讨解决方案，而不是单方面地提出要求。

七、寻求专业帮助

1.及时咨询：如果遇到难以解决的问题，不妨寻求心理咨询师或其他专业人士的帮助。

2.参加工作坊：参加亲子关系工作坊或课程，学习更有效的沟通技巧和育儿方法。

通过实施上述建议，父母可以更好地与孩子建立和谐而有边界感的关系。这样的关系不仅能促进孩子的个人成长，也能为家庭营造积极健康的氛围。

第三部分

挑战不完美，
战胜不完美：
实现发光的人生

第六章

让不完美成为
靓丽的风景

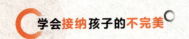

01

放弃完美执念：孩子的不完美之路

在当今社会，家庭教育面临着前所未有的挑战。随着社会竞争的加剧和个人成就的压力，许多家长往往倾向于按照一套既定的标准来培养孩子，期望他们能够在各个方面达到完美。然而，这种做法往往会忽视每个孩子独特的天赋和个性，从而剥夺了他们自由发展的机会。

德裔英国心理学家汉斯·艾森克是二十世纪著名的人格心理学家之一，他在人格心理学领域做出了巨大的贡献，并提出了著名的个性理论。艾森克的研究表明，个体之间的差异主要体现在神经质、内外向性和精神稳定性等方面。这些差异影响着孩子的行为模式、学习方式以及对环境的适应能力。个体差异是人类多样性的重要体现。每个孩子都具有独一无二的性格特征、兴趣爱好和潜能。

　　张宇从小对绘画有着浓厚的兴趣，他对色彩和形状有着天生的敏感度，经常用画画来表达自己的情感。尽管张宇在绘画方面展现出了非凡的才华，但父母始终希望他能考上一所好的大学，将来从事一份稳定的工作。

　　张宇尽管内心充满挣扎，但还是听从了父母的意见，选择了理科专业，并考入了一所知名大学。在大学期间，张宇虽然主修计算机科学，但他依然保留着对艺术的热爱。他利用课余时间自学绘画和设计，并开始在网上发布自己的作品。大学毕业后，张宇找到了一份稳定的工作，但他内心始终放不下对艺术的渴望。经过深思熟虑，他辞去工作，全身心投入艺术创作中。

　　张宇凭借着对艺术的执着追求和不懈努力，获得了业界的认可。他的作品被多家画廊展出，受到了国内外艺术家的高度评价。看到张宇在艺术领域的成就，他的父母开始反思自己的做法。他们感到内疚，意识到自己当初没有支持儿子的梦想，浪费了儿子多年宝贵的时光。

　　通过张宇的故事，我们可以看到，每个孩子都是独一无二

的，他们的成长路径不应被单一的标准所限制。作为家长，我们应该学会欣赏孩子的独特性，采取适当的方法来支持他们发展。通过这种方式，我们不仅可以培养出自信、有创造力的孩子，还能教会他们如何面对生活中的挑战，成长为独立思考、富有同情心的个体。

作为父母，学会欣赏孩子的独特性，应遵守如下原则：

一、倾听并尊重孩子的兴趣

1.定期沟通：每周至少安排一次与孩子的交谈时间，询问他们的兴趣爱好和最近的发展情况。

2.表达支持：即使孩子的兴趣与你的期望不符，也要积极肯定他们的选择，并表达你对他们的支持。

二、鼓励探索

1.提供资源和支持：为孩子提供必要的资源，比如艺术用品、书籍或设备，以支持他们尝试不同的活动。

2.参与社区活动：鼓励孩子参加艺术课程、工作室或社区活动，以便更深入地探索其兴趣领域。

三、平衡现实与梦想

1.帮助孩子了解职业道路：与孩子讨论不同职业道路的现实

情况，帮助他们了解不同的职业。

2. 规划未来：讨论教育和培训的重要性，以及如何为未来的职业生涯做好准备。

四、积极反馈

1. 肯定努力：对孩子的努力给予积极肯定，无论成果如何。

2. 强调过程：即使失败，也要强调学习的过程比结果更重要，帮助孩子从经历中吸取教训。

五、自我反思

1. 定期评估：定期评估自己的期望与孩子的兴趣是否一致，与孩子的能力是否匹配。

2. 调整期望：如果必要，可以调整自己的期望，并向孩子道歉，化解之前的误解。

在这个瞬息万变的世界，每个孩子都是独一无二的，他们拥有自己独特的天赋、兴趣和潜能。作为家长，我们的任务不仅仅是培养孩子的技能和教授他们知识，更重要的是学会欣赏他们的独特性，发现并珍视他们身上的不完美之美。

我们通过倾听发现孩子的兴趣，尊重孩子的兴趣，为他们提供探索自我和实现梦想的空间。鼓励孩子探索不同的领域，不仅能够帮助他们发现自己真正的兴趣，还能促进其全面发展。在平衡现实与梦想的过程中，我们要教会孩子理解不同的职业选择，同时支持他们追求内心真正的梦想。

无论成果如何，都要给予孩子积极的反馈，这是对他们努力的一种认可。即使遇到挫折和失败，也要强调过程的价值，帮助孩子学会从经历中成长。

通过这些努力，我们不仅能够培养出自信、有创造力的孩子，还能教会他们如何面对生活中的挑战，成长为独立思考、富有同情心的个体。每个孩子都是一颗独特的种子，拥有无限的可能。作为家长，我们的责任就是为这些种子提供适宜的土壤和阳光，让它们自由生长，绽放出属于自己的美丽花朵。

让我们一起欣赏孩子的独特性，发现他们不完美的美丽之处，并支持他们成为最好的自己。在这个过程中，我们也会成为更好的父母，见证孩子的成长和成功。

鼓励孩子尝试：
失败也是成长的一部分

在这个充满不确定性和快速变化的世界里，孩子需要具备探索未知、勇于尝试新事物的勇气。作为父母，我们的角色不仅仅是保护者，更是引导者和支持者。鼓励孩子探索和冒险不仅能够帮助他们建立自信，还能让他们学会在失败中成长。

其实，如果我们真正地去观察社会就会发现，成功都不是突然出现的，而是不断积累，不断地在失败中汲取经验，在遇到了一个很好的机会时，就成功了。

王兴是中国著名的创业者和企业家。关于王兴，我们所知道的，即他最大的成就是创办了美团网。我们不知道的是，他在创办美团网之前，还创办过多多友、校内网、饭否、海内网等一系列互联网企业，但最后都失败了，只有美团网成功了。

事实上，当我们关注一名成功人士时，我们都只会关注他成功的那一次，而他在成功的路上到底跌倒了多少次，很少有人在意。然而成功从来都不是一蹴而就的，成功是建立在无数的探索和失败的基础之上的。所以作为父母，我们一定要鼓励和支持孩子去探索和冒险，让他们在失败中汲取经验，实现一次次的成长。那么，父母应该如何迈出下一步呢？

一、支持孩子的探索欲望

孩子天生好奇，他们渴望了解这个世界。当孩子表现出对某个领域的兴趣时，无论是艺术、科学还是体育，我们都应该给予积极的支持。尽自己所能，为他们提供一个有机会和有挑战的成长环境。

二、鼓励冒险精神

冒险意味着走出舒适区，尝试以前从未做过的事情。对于孩子来说，或许是参加学校的戏剧表演，或许是学习一种新乐器，或许是参加户外探险活动。作为父母，我们应该鼓励孩子勇于尝试新事物，即使他们可能会遇到挑战或失败。通过这些经历，孩子能够学会如何应对不确定性，并在未来的生活和职业生涯中变得更加坚忍。

三、强调过程而非结果

在孩子探索和冒险的过程中，我们要强调过程的重要性，而不是仅仅关注结果。告诉他们，每一次尝试都是一次学习的机会，即使最终未能达到预期的目标，也值得庆祝。通过这种方式，我们可以帮助孩子正确对待失败，让他们明白失败并不是终点，而是通往成功的另一条途径。

四、培养积极的心态

鼓励孩子面对失败时保持积极的心态至关重要。当孩子遇到挫折时，我们要引导他们从失败中吸取教训，而不是沮丧或放弃。帮助他们认识到失败是成长的一部分，是成功路上必不可少的经验。

五、以身作则

作为父母，我们的行为对孩子的影响最为深远。我们应该通过自己的行动向孩子示范如何勇敢地探索未知领域，如何面对失败并从中学习。当孩子看到我们在生活中勇于尝试新事物时，他们也会更有信心去尝试新事物。

鼓励孩子探索与冒险意味着要给予他们足够的空间，即使尝试新事物可能会失败。作为父母，我们应该成为孩子最坚强的支持者，教会他们如何在失败中成长，如何保持积极的心态面对挑战。通过这样的支持，我们不仅能够帮助孩子建立自信，还能让他们成为勇于探索未知、勇于面对挑战的独立个体。在这个过程中，我们也将见证他们成为更好的自己。

03

培养孩子的创造力与批判性思维：勇于挑战常规

在这个快速变化的时代，创造力与批判性思维成是孩子未来成功的重要基石。作为父母，我们不仅要关注孩子的学习成绩，还要致力于培养他们独立思考的能力和勇于创新的精神。本小节将探讨如何通过日常生活中的实践，激发孩子的创造力，培养孩子的批判性思维，帮助他们成长为具有创新精神的人。

一、营造安全的学习环境

1.鼓励提问：鼓励孩子提问，哪怕孩子提出了一些看似简单或者"愚蠢"的问题，我们也不要取笑他们。提问是探索未知的第一步，也是批判性思维的起点。

2. 容忍错误：将错误视为学习的机会而非失败的标志。当孩子犯错时，我们帮助他们分析原因，并寻找改进的方法。

二、提供多元信息来源

让孩子接触不同来源的信息，包括书籍、新闻、纪录片等，以培养他们辨别信息真伪和评估信息价值的能力。

引导孩子学会批判性地看待媒体和网络上的信息，避免盲目相信。

三、培养分析与推理能力

在日常生活中，与孩子一起分析问题，引导他们运用逻辑推理来解决问题。鼓励孩子尝试不同的解决方案，并评估每种方案的优缺点。

四、培养批判性思维

1. 辩论活动：组织家庭辩论会，让孩子针对某一话题发表自己的观点，锻炼孩子的逻辑思维和口头表达能力。

2. 情景模拟：通过设置一些情景模拟，让孩子在模拟环境中进行决策和解决问题，培养孩子的思辨和应变能力。

五、鼓励自由探索

1.提供材料：为孩子准备各种各样的材料，如纸张、颜料、剪刀、胶水等，让他们自由发挥，创造出自己的作品。

2.户外活动：鼓励孩子多参与户外活动，如远足、野营等，这些活动能够激发孩子的好奇心和探索欲望。

六、促进情境教学与体验式学习

1.角色扮演：通过角色扮演让孩子体验不同的角色，从不同的视角看问题，这有助于培养他们的同理心和批判性思维。

2.实地考察：安排孩子参观工厂、农场或实验室等地方，让他们亲身体验和观察，从而更好地理解事物的本质。

七、培养解决问题的能力

1.开放式问题：经常提出开放式问题，鼓励孩子思考多种可能性，培养他们的发散性思维。

2.逆向思考：教授孩子逆向思考的方法，即从问题的结果反推原因，这有助于提高他们解决问题的能力。

八、鼓励质疑与反思

1.批判性阅读：引导孩子批判性地阅读图书、文章等，鼓励他们提出自己的见解，而不是被动地接受信息。

2. 反思日记：鼓励孩子写反思日记，记录每天的所学所得，思考自己的行为和决策。

九、培养责任感

1. 家务分工：给孩子分配合适的家务任务，让孩子学会承担家庭责任。

2. 社会责任：鼓励孩子参与志愿服务和社会实践活动，培养他们的公民意识和社会责任感。

通过上述方法，父母可以有效地培养孩子的创造力与批判性思维。重要的是，要为孩子营造一个充满爱与支持的环境，让他们在探索未知的过程中感到安全。同时，也要鼓励孩子勇敢地超越常规，敢于挑战现状，这样才能在社会中脱颖而出。

04

构建共同成长的社区：
每个人都能发光

　　在当今社会，竞争的压力无处不在。许多家长为了不让自己的孩子"输在起跑线上"，纷纷给孩子报各类兴趣班。这种现象导致了一个令人担忧的趋势——"内卷化"。家长陷入了不断的比较之中，而忽视了每个孩子都是独一无二的个体这一基本事实。

　　我们正面临着一个充满挑战的教育环境。过度的竞争让孩子过早背负掌握知识和技能的压力，这不仅侵蚀了他们享受纯真童年的时间，还可能对他们的心理健康产生不利影响。与此同时，一些家长往往过分关注自己孩子的成绩和表现，并习惯性地将自己的孩子与同龄人相比较，这样的盲目攀比使得原本

应该是充满支持与鼓励的家庭氛围变得紧张且充满焦虑。

面对这样的挑战，我们迫切需要一种新的思维方式，以便营造一个更加健康、包容和积极的社区环境。那么，我们要如何做呢？

一、接受并庆祝差异

1. 举办多元文化节日：在社区内组织多元文化节日，让孩子有机会了解和体验不同的文化背景，从而培养包容性和多样性意识。

2. 提供展示个人才华的舞台：为孩子提供展示自己才能的平台，比如艺术展、音乐表演等，鼓励孩子展示自己的独特之处。

二、建立支持性的网络

1. 成立家长互助小组：定期组织家长聚会，分享育儿经验和挑战，共同探讨如何支持孩子的成长。

2. 创建资源共享平台：创建一个线上或线下的资源共享平台，让家庭之间可以共享教育资料、玩具、图书等资源，减少孩子之间不必要的竞争和资源的浪费。

三、强调过程而非结果

1. 举办非竞技性质的活动：组织一些非竞技性质的活动，比如趣味运动会、创意手工比赛等，将重点放在参与和体验上，而非胜负。

2. 表彰努力：通过表彰孩子的努力和进步来代替仅仅关注成绩和结果，以此培养孩子积极的态度和自我驱动力。

四、营造无压力的学习环境

1. 减少课外负担：减少孩子的兴趣班，确保他们有足够的休息时间和玩耍空间。

2. 提供放松的空间：在社区内设立安静的阅读角落或放松区域，让孩子有一个可以放松心情的空间。

五、加强情感支持

1. 开展亲子活动：组织亲子游戏日、家庭野餐等活动，加强家庭成员之间的情感联系。

2. 设立情绪管理和支持小组：为家长和孩子提供情绪管理的方法和支持，教授他们应对压力和调节情绪的技巧。

六、提供正面的榜样

1. 邀请嘉宾演讲：请来各行各业的成功人士分享他们的成长经历，强调每个人的成功路径都是独特的。

2.展示社区英雄：表彰社区内的志愿者和服务人员，让他们成为孩子学习的榜样。

七、培养社会责任感

承担家庭责任：在家庭中鼓励孩子承担适当的责任和任务，如家务劳动、照顾家人等。让孩子学会承担责任，理解自己对家庭和社会的贡献。

鼓励团队合作：教导孩子学会与他人合作，共同完成任务。通过团队活动，让孩子理解合作对解决问题和达成目标的重要性。

八、促进身心健康

1.提供体育设施：确保社区内有足够的体育设施，如篮球场、足球场等，鼓励孩子参与体育活动。

2.健康饮食教育：举办健康饮食讲座，教授孩子关于营养均衡的知识。

通过以上措施，我们可以逐步构建一个积极、健康、包容和支持性的社区环境，为孩子提供一个良好的成长空间。这样的社区环境不仅有利于孩子的全面发展，也能促进整个社区的和谐与进步。

不完美是成长的必经之路

　　沈昊是一个内敛而敏感的少年，对篮球有着浓厚的兴趣，却因过分在意自身表现得是否完美，而始终徘徊在球场边缘，未曾上场。他的内心仿佛被一种无形的枷锁束缚着，他害怕尝试，害怕自己表现得不够完美，更畏惧失败。这种心态使得他在接下来一年的时间里依旧停留在原地，未能迈出实质性的步伐。

　　子轩是一个活泼开朗的孩子，他对待篮球的态度与沈昊的截然不同。面对篮球，他没有过多的顾虑，只有一颗跃跃欲试的心。尽管初学时动作生涩，甚至屡屡跌倒，但他从未因此而退缩。经过一个月的不懈努力，子轩不仅掌

握了打篮球的基本技巧，还能熟练地进行三步上篮，他的

进步是对"实践出真知"这一真理的生动诠释。

上述案例提醒我们，孩子的成长并非一条直线，而是蜿蜒曲折的道路。在这条道路上，不完美是常态。作为父母，要接纳孩子的不完美，也是接纳自己的不完美。这不仅是成长的必经之路，更是推动我们前进的内在动力。过分追求完美，往往会导致行动迟滞，勇于面对不完美，才能激发个人潜能，促进真正的成长。

不完美是人类的普遍特征，贯穿于生命的始终。它并非一种缺陷，而是一种本质，是构成个体多样性和复杂性的关键元素，是人生的常态。美国作家马克·吐温曾言："完美是个遥不可及的目标，但追求完美的过程使我们变得更好。"这句话深刻揭示了不完美在个人成长过程中的作用。

历史上无数伟人的故事都印证了这一点。爱迪生在发明电灯的过程中，试验了上千种不同的灯丝材料，才最终找到了合适的碳化竹丝作为初期电灯的灯丝。这个过程中，每一次失败都促使他更加接近完美，最终改变了人类的照明方式，推动了工业化进程。爱迪生的故事展示了即使面对无数次的失败，对完美的追求也能引领人们走向成功这一事实。

不完美之所以是人生的常态，是因为它反映了人类存在的

本质——我们都是在有限的条件下追求无限可能性的生物。每一次失败、每一个瑕疵，都是通向更深层次地理解自我和社会的阶梯。"生活的艺术，是处理好那些不可避免的不完美。"

在历史的浩瀚长河中，每一抹辉煌成就的诞生，无不源自微乎其微的起点，但最终，人们对完美的追求，变成推动社会进步、推动时代前进的动力。

丰田汽车公司通过不断优化生产流程，减少浪费，提高效率和质量，创造了著名的丰田生产方式。这一生产方式的核心是持续改善，即不断寻找并消除问题，力求在每一个细节上都达到最佳状态。丰田的这一追求不仅使自身成为全球汽车制造业的引领者，也影响了全球的制造业管理理念。

中国自二十世纪九十年代开始实施载人航天工程，从神舟一号到神舟十九号，中国航天人不断追求技术的突破，从无人试验飞船到载人飞行，再到空间站建设。神舟系列航天任务的成功，不仅展示了中国在航天科技方面的实力，也为国家的科技进步和国际地位的提升做出了重要贡献。每一步都凝聚着无数人的智慧和汗水。

每个人犹如一粒种子，悄无声息，破土而出，努力发育，迎接各自的命运。不论出身是否完美，即便遭遇风吹日晒、雨露朝阳，总有人一次次尝试之后，从错误中学习，再反思和评估自己，提升自己，最终把自己的人生打磨得更趋于完美。

我有一个朋友，她想要成为一个摄影达人，于是她果断开启了自己的摄影之路，她常常在朋友圈晒出自己的作品。记得刚开始，她朋友圈里晒出的照片构图随意、光线平淡，总被朋友们调侃"技术有待提高"。我也曾在心里偷偷嘲笑她——毕竟她拍的那些"游客照"实在是太过普通了。可她心里那份对摄影的热爱，就像藏不住的小火苗，越烧越旺。

于是，她利用晚上和周末练习摄影，还在网上搜罗各种摄影教程自学，闲暇时，她拿着相机在小区里转悠，拍花拍树，拍夕阳下的老街，拍雨后的小巷……

随着时间的推移，她的镜头开始捕捉到不一样的视角。她的作品开始有了自己的故事，朋友圈的点赞和评论也越来越多，从最初的鼓励变成了真正的赞赏。后来，她的作品被一家摄影杂志选中发表，她也因此收获了更多的关注。

我的这位朋友，她从一个拍照只会"咔嚓"的新手，最终成长为能够在光影中找到自己语言的摄影师。她的成长历程充满了汗水与欢笑，也是从不完美走向完美的生动写照。

　　归根结底，成长本质上是一场与不完美的对话。我们孩子的成长也是如此。

　　在生命的早期阶段，每个孩子都是一位充满好奇的小小探险家，他们以无比的热情探索着周遭的一切，每一次触碰、每一次尝试，都像是在绘制一张属于自己的地图。他们会在花园里追逐蝴蝶，试图揭开花朵的秘密；他们会在沙滩上挖掘宝藏，想象着沙滩下埋藏着无尽的财富；他们会在雨中跳跃，感受雨滴带来的清凉与快乐。每一个新的环境，每一个新的发现，都是他们探险旅程中的新一站。

　　这些看似简单的生活体验，却是孩子构建世界观的基石。他们通过亲身体验，逐渐学会了区分冷暖、辨明是非，每一步探索都在丰富他们内心的地图，使其日益精细、立体。不完美，是这一过程中的常客，它以各种形式出现，有时是摔倒后的疼痛，有时是尝试新技能时的挫败。然而，正是这些不完美的体验，成了孩子们成长中不可或缺的"营养"。

　　在孩子们的成长之路上，不完美并非障碍，而是指引方向的星辰。它教会孩子们如何面对挑战，如何从失败中站起来，更教会孩子们如何在探索中找到自我，如何在成长的过程中构建起一个既真实又完整的内心世界。让我们以开放的心态陪伴孩子们走过这段充满探索与发现的旅程，鼓励他们勇敢地面对不完美，因为正是这些不完美，才成就了他们独一无二的成长故事。

作为家长，我们应以包容的心态面对孩子的每一次失败。让我们珍惜这份不完美，因为它是成长的养分，是孩子通往未来无限可能的起点。在孩子探索世界的过程中，让我们成为他们最坚实的后盾，一同见证他们从不完美到卓越的华丽转变。